재림예수 슈카이브의
상상의 힘

재림예수 슈카이브의

상상의 힘

제1판 1쇄　2025년 11월 17일

지은이　슈카이브
펴낸이　권동희
펴낸곳　아이엠

출판등록　제2022-000043호
주소　경기도 화성시 동탄오산로 82
전화　070-4024-7286
이메일　no1_winningbooks@naver.com

ⓒ아이엠(저자와 맺은 특약에 따라 검인을 생략합니다)
ISBN　979-11-6415-083-0(03190)
값　22,000원

이 책은 저작권법에 따라 보호받는 저작물이므로 무단전재와 무단복제를 금지하며,
이 책 내용의 전부 또는 일부를 이용하려면 반드시 저작권자와 아이엠의 서면동의를
받아야 합니다.

재림예수 슈카이브의
상상의 힘

| 슈카이브 지음 |

Imagination

아이엠

프롤로그

인생에 기적을 일으키는
강력한 힘은 자아관념에 있다

    인간의 내면에는 바라는 모든 것들이 갖추어져 있다. 전지, 전능, 권능 즉 삼중 불꽃이라고 불리는 신성이 깃들어 있기 때문이다. 사람들은 건강과 부와 풍요, 아름다움, 조화, 천재성을 가지길 원한다. 그러나 이러한 것들은 세상에 태어나기 전부터 모든 영혼들에게 내재되어 있던 것이었다.

    그런데 아직 깨어나지 못한 자들은 바라는 것들을 외부에서 찾으려고 애쓴다. 지금 이 순간에도 사람들은 바라는 것을 찾기 위해서 바깥으로만 향한다. 그렇게 밖에서 떠돌면서 시간과 돈을 낭비한다. 인생에서 가장 중요한 것들을 잃어버리는 것이다. 다시 말하지만 자기 안에서 찾지 못하는 것은 그 어디에서도 찾을 수 없다.

    인생에 기적을 일으키는 강력한 힘은 자아관념에 있다. 자기 자신에 대해 어떻게 생각하고, 바라보고, 믿느냐에 따라 모든 것이 달라지기 때문이다. 우리 모두는 신적인 존재로서 완벽한 영혼들이다. 특별하고 위대한 존재들이다. 자신이 어디에서 무슨 일을 하든 이미 가졌음을, 이겼음을 전제해야 한다. 그렇게 할 때 바라는 것을 얻을 것이고, 찾을 것이며, 열릴 것이다.

우리는 현생을 살면서 우리의 근원이자 영적인 부모인 창조주로부터 부여받은 신성을 마음껏 발휘해야 한다. 그 과정에서 다양한 체험을 통해 영적인 성장을 해나갈 것이다. 이는 영적 지수를 높여주고 궁극적으로는 차원 상승으로 이끌 것이다.

마지막으로 출판사 서른세개의계단 이상민 대표에게 감사의 말씀을 전하고 싶다. 이 책을 쓸 수 있도록 네빌 고다드(Neville Goddard), 《전제의 법칙》 가운데 일부 내용을 게재할 수 있도록 흔쾌히 허락해주신 덕분에 이 책을 집필할 수 있었다. 지금 이 시대에 한반도에 육화하여 중요한 사명을 행하게 하신 아버지 하느님께 영광을 돌린다.

슈카이브

프롤로그

CONTENTS

프롤로그　　인생에 기적을 일으키는 강력한 힘은 자아관념에 있다　　4

CHAPTER 1.	의식이 모든 것을 창조한다	10
CHAPTER 2.	나에 대한 관념이 나의 모든 것을 결정한다	14
CHAPTER 3.	이것을 모르면 아무리 상상해도 절대 이루어지지 않는다	18
CHAPTER 4.	의식이 바뀌면 변화가 시작된다	22
CHAPTER 5.	인생에 기적을 일으키는 강력한 자아관념의 힘	26
CHAPTER 6.	당신의 의식이 당신의 세상을 만드는 유일한 원인이다	29
CHAPTER 7.	지금 바로 이렇게 상상하라, 단지 그뿐이다	34
CHAPTER 8.	오직 상상의 눈으로 세상을 바라봐야 하는 이유	38
CHAPTER 9.	바뀌어야 할 것은 오로지 나 자신뿐이다	42
CHAPTER 10.	닫혀 있는 잠재의식의 문을 열면 놀라운 일이 일어난다	45
CHAPTER 11.	우리는 우리가 인식한 우리의 모습을 끌어당긴다	50
CHAPTER 12.	성공하려면 자동으로 '이것'을 떠올려라	53
CHAPTER 13.	원하는 인생을 연기하라	57

CHAPTER 14.	원하는 인생이 저절로 찾아오게 하는 방법	60
CHAPTER 15.	이런 사람은 아무리 막더라도 반드시 성공한다	64
CHAPTER 16.	정말 간절히 원하는 것이 있다면 독하게 이 습관 하나만 장착하라	67
CHAPTER 17.	다른 건 할 필요가 없다. 부와 성공은 알아서 끌려온다	70
CHAPTER 18.	성공이 당신을 찾아오게 하는 방법	74
CHAPTER 19.	꿈을 실현하는 자는 부자가 아닌 상상하는 자다	76
CHAPTER 20.	가난한 잠재의식을 부자의 잠재의식으로 바꿔라	80
CHAPTER 21.	끌어당김은 깨달음의 법칙이다	82
CHAPTER 22.	상상을 현실로 이루기 위해 반드시 알아야 하는 것	85
CHAPTER 23.	'이것'을 모르면 이루어지지 않는다	87
CHAPTER 24.	뇌를 속이고 상상을 현실로 만드는 법	89
CHAPTER 25.	극소수의 부자들만 알고 있는 우주의 기묘한 작동 원리	92
CHAPTER 26.	'이것'을 알면 다 가졌다는 느낌을 유발할 수 있다	95
CHAPTER 27.	우주는 당신의 명령을 기다리고 있다	99
CHAPTER 28.	잠재의식의 힘으로 인생의 기적을 창조하는 법	103

재림예수 슈카이브의
상상의 힘

CHAPTER 1
의식이 모든 것을 창조한다

'빛'은 의식이며, 의식은 다양한 형상과 수준으로 나타날지라도 결국 '하나'입니다.

그 하나가 아닌 것이 없습니다. 왜냐하면 의식은 무한하게 많은 상태들로 외부에 모습을 드러내지만 나누어질 수 없기 때문입니다. 의식에는 실제로 분리나 차이가 존재하지 않습니다. 이 하나의 I AM(나)이라는 의식은 나눠질 수 없습니다. 나는(I AM) 스스로를 부자, 가난한 사람 혹은 도둑으로 여길 수도 있지만 내 존재의 중심인 I AM(나)은 내가 가진 자아관념과 상관없이 언제나 그대로입니다. 나의 존재 중심에는 I AM(나)만이 존재하며 이것이 수많은 형태들과 자아관념을 외부 세상에 나타내고 있습니다. 나는 I AM입니다.

I AM은 절대자가 자신을 지칭하는 말이며 만물이 기반하는 토대입니다. I AM은 첫 번째 원인 재료입니다. I AM은 하느님의 스스로에 대한 인식입니다.

- 네빌 고다드, 《전제의 법칙》 중에서 -

의식이 유일한 실체이며 모든 것을 창조해낸다. 지금 우리 눈에 보이는 어떠한 것도 의식을 통하지 않고서 만들어진 것이 없다. 그런데 과거의 나는 의식 세계에 대해 알지 못했다. 자기계발서들을 수천 권 읽었지만 가장 중요한 의식에 대해 알지 못했으니 오랜 세월을 가난에 허덕이며 살았던 것이다.

우리 집안 전부가 크리스천이다. 열심히 교회를 다니고 하나님과 예수님을 믿으면서 착한 일을 많이 해야 한다는 말을 귀에 딱지가 앉도록 듣고 살았다. 예수 천당, 불신 지옥! 아무리 착해도 예수님을 믿지 않으면 지옥에 간다는 것이다. 그런데 나는 왠지 모르게 교회에 가는 것이 불편했다. 교회의 목사들은 사랑의 하나님, 선하신 하나님이라고 말하면서도 교회에 나가지 않거나 하나님을 믿지 않으면 벌을 받고 지옥에 간다고 말했다. 나는 성경의 적혀 있는 내용들 가운데 사랑 그 자체인 하나님이 해선 안 되는 사건들을 보고 마음이 불편했다. 그 당시는 정확하게 몰랐지만 성경의 많은 부분이 앞뒤가 맞지 않다는 것을 어렴풋이나마 알 수 있었다.

지금의 나는 제대로 알고 있다. 의식 세계에 눈 뜨게 되면 차츰 종교로부터 멀어지고, 그만큼 나의 아버지이자 어머니인 창조주와 가까워진다는 것을. 사실 창조주께서는 단 1초도 우리와 멀어진 적이 없다. 다만 우리가 그릇된 가르침으로 그분과 멀어져간 것이다. 하지만 의식 세계에 알게 되면 우리는 절대 분리될 수 없는 존재라는 것을 깨닫게 된다.

우리의 의식은 자주 생각하는 것들을 창조해낸다. 가난한 사람은 의식이 가난하기 때문에 빈곤한 삶을 사는 것이다. 가난한 의식을 부유한 의식으로 통째로 바꾸지 않는 한 가난에서 벗어날 수 없다.

네빌 고다드는 빛은 의식이라고 말한다. 예수께서도 너희는 세상의 빛이다, 라고 말씀하셨다. 우리 모두는 빛으로 이루어진 의식이다. 지금 어떤 환경에 처해 있던 자신을 빛으로 인식해야 한다. 자신이 빛이라는 것을 인식할 때 내면 상태가 달라지고 외부 환경 역시 변하게 된다. 변화는 안에서 시작되기 때문이다.

CHAPTER 1. 의식이 모든 것을 창조한다

CHAPTER 2
나에 대한 관념이 나의 모든 것을 결정한다

I AM이 모든 것의 원인이라는 위대한 발견을 하게 되면 인간은 좋든 나쁘든 자기 운명의 결정권자가 되며 나에 대한 자아관념(나의 삶에 대한 반응들)이 내가 살고 있는 세상을 결정짓는다는 진리를 깨닫게 됩니다. 다시 말해 당신이 이런 '원인에 대한 진리'를 이해한다면 당신이 병을 앓게 될 때 당신은 병의 원인이 '나는 건강하지 않다'라고 정의된 자아관념임을 알게 되고, 그래서 근본 원인재료가 그 자아관념에 맞춰 특정하게 배열되었기 때문이라고 말하게 될 것입니다. 그래서 다음과 같은 성경 말씀이 있습니다.

약한 자로 하여금 '나는 강하다'라고 말하게 하라. [요엘서 3장 10절]

왜냐하면 자신이 사실로 받아들인 것(전제)에 맞춰, 첫 번째 원인재료인 I AM이 재배열되고 그것이 굳어져 외부에 나타나기 때문입니다. 이 원칙은 당신의 사회적, 재정적, 지적 또는 영적인 삶의 모든 측면을 지배합니다. 나는(I AM) 삶에 어떤 일들이 발생하든 그것들의 원인을 밝혀줄 수 있는 실체입니다. 내가(I AM) 갖고 있는 자아관념이 그 존재의 형태와 환경을 결정짓습니다.

- 네빌 고다드, 《전제의 법칙》 중에서 -

어떤 사람이 내게 찾아와 자신의 삶이 너무나 불행하다고 말했다. 배우자와의 관계도 좋지 않고, 다니고 있는 직장도 자신과 맞지 않아 이직을 고민 중이라고 토로했다. 그러면서 불행한 삶을 어떻게 하면 바꿀 수 있느냐고 물었다. 방법을 알려주면 하라는 대로 하겠다고 말했다.

나는 이렇게 말했다.
"우리의 삶은 내면 상태가 외부로 투영되어 나타난 것입니다. 삶을 바꾸고 싶다면 내면 상태부터 바꿔야 합니다. 내면에 가득 차 있는 부정적인 것들을 다 몰아내고 긍정적인 것들로 채워야 합니다. 그러면 삶은 자동으로 달라집니다."

가난한 사람들은 돈이 없어서 가난해진 것이 아니다. 의식 상태가 가난하기 때문에 가난한 현실이 펼쳐진 것이다. 대체적으로 가난한 사람들은 하고 싶은 일이 있거나 꼭 사고 싶은 것이 있어도 금액 때문에 망설이다가 포기한다. 금액이 아닌 가치를 따졌다면 포기하지 않았을 것이다. 이것이 가난한 사람들이 수많은 기회를 놓치는 이유이기도 하다.

가난한 사람들은 앞으로도 계속 힘들면 어쩌지, 하는 불안감을 갖고 산다. 이 불안감은 앞으로도 계속 가난하게 살 거라는 믿음에서 생겨난다. 나는 현재 가난한 형편보다 그 사람의 가난한 의식 상태가 더 위험하다고 생각한다. 의식을 바꿈으로써 삶을 개선할 수 있지만 의식이 가난하면 그 어떤 노력을 기울여도 가난에서 벗어날 수 없기 때문이다.

지금의 삶이 만족스럽지 않은 사람은 반드시 이 말을 기억해야 한다.

"나에 대한 관념이 나의 모든 것을 결정한다!"

CHAPTER 3
이것을 모르면 아무리 상상해도 절대 이루어지지 않는다

모든 것은 자신에 대한 태도에 달려 있습니다. 스스로에게 사실이라고 확고히 하지 않은 것은 자신의 세상에서 깨어날 수 없습니다. 즉, "나는 강하다", "나는 안전하다", "나는 사랑받고 있다"와 같은 당신의 자아 관념이 당신이 살고 있는 세상을 결정합니다. 당신이 "나는 사람이다, 나는 아버지이다, 나는 미국 사람이다"라고 말할 때 당신은 다른 I AM을 규정짓는 것이 아니고 하나의 원인 재료인 하나의 I AM을 다양한 개념이나 배열로 규정짓고 있는 것입니다. 심지어 만약 나무가 말을 할 수 있다면 그 나무는 "나는 나무이다, 사과나무이다, 열매를 많이 맺는 나무이다"라고 말할 것입니다.

당신은 의식이 단 하나의 유일한 실체라는 것과 자신이 생각하는 것에 따라 그 모습이 된다는 것을 깨닫게 되면, 마음 외부에 있는 원인들이 삶에 영향을 준다는 믿음을 버리게 됩니다. 이렇게 되면 외부 세계의 폭압이라는 두 번째 원인으로부터 벗어날 수 있습니다. 당신은 삶에서 왜 이런 일들이 일어났는지에 대한 대답을 당신의 의식 상태 안에서 발견하게 됩니다. 당신의 자아 관념이 달라지면, 당신의 세상도, 모두 달라질 것입니다.

당신의 자아 관념이 무엇이든, 당신의 세상에 나타나는 것은 그 관념과 같아집니다. 따라서 단 하나의 I AM만이 존재하며, 당신의 본질이 그 I AM이라는 것은 아주 분명합니다. 그리고 I AM은 무한하지만 당신은, 당신의 자아 관념으로 인해 그 무한한 I AM의 제한된 부분만을 드러내고 있습니다.

- 네빌 고다드, 《전제의 법칙》 중에서 -

과거의 나는 나 자신이 너무나 나약하고 보잘것없는 사람인 줄 알았다. 기초생활수급자 가정에서 자란 데다가 IQ가 89였

고, 학교 성적은 늘 꼴찌였다. 말더듬이 심해서 여러 사람들 앞에서 발표하는 것은 죽는 것보다 더 싫었다. 그랬기에 나 자신에 대해 특별하게 생각하거나 앞으로 나는 크게 될 것이다, 이런 믿음을 가질 수 없었다.

나는 20대 시절 정말 힘든 시간을 보내야 했다. 내가 어떤 고통스런 인생을 살았는지에 대해선 그동안 내가 집필한 책들과 유튜브 채널에 영상에 공개했다. 힘든 가운데에서도 꿈을 향해 걸어가는 자에게 한 줌의 빛이 비치게 마련이다. 우연한 계기로 네빌 고다드가 말하는 형이상학에 대해 눈 뜨게 되었다. 마음의 법칙과 상상의 힘에 대해 알게 되면서 그리스도(구원자)는 내 안에 있음을 깨달았다.

이것을 알기 전에는 나는 약한 사람, 가난한 사람, 되는 일보다 안 되는 일이 더 많은 사람, 사람들에게 사랑받지 못하는 사람이라는 생각을 갖고 있었다. 하지만 내 안에 그리스도가 있다는 것을 알게 되자 나는 강한 사람이고 특별한 사람이라는 믿음이 생겨나기 시작했다. 내가 원하는 것에 대해 상상하면 그것이 나에게로 끌려오기 시작했다. 내가 어떤 문제에 대해 고민하고 있으면 문제를 해결해줄 수 있는 사람이 나타났다. 그야말로 말도 안 되는 기적이라고밖에 부를 수 없는 놀라운 일들이 일어나기 시작한 것이다. 이때부터 내 인생은 빠르게 달라지기 시작했다.

당신은 완벽한 영혼이다. 무엇이든 만들어낼 수 있는 마법, 상상력을 갖고 있는 영혼이다. 마음속에 조금도 부정적인 생각을 허용하지 말라. 당신은 우주로부터 사랑 받고 있는 존재이고, 창조주의 사랑스런 자녀다. 이것을 알고 상상할 때 하나씩 이루어지기 시작할 것이다.

CHAPTER 3. 이것을 모르면 아무리 상상해도 절대 이루어지지 않는다

CHAPTER 4
의식이 바뀌면 변화가 시작된다

당신은 의식의 변화를 통해, 즉 자신에 대한 관념을 실질적으로 변화시켜서 '더 웅장한 저택'을 건설할 수 있습니다. 그것은 더 높은 관념들을 외부 세상에 구현하는 것입니다. 외부에 구현시킨다는 것은 당신의 현실 세계에서 이러한 관념들의 결과물들을 경험하게 된다는 뜻입니다.

의식은 단 하나뿐인 유일한 실체이며 삶의 현상들의 첫 번째이자 유일한 원인 재료이기 때문에 당신은 반드시 의식이 무엇인지를 분명하게 이해해야만 합니다. 의식이 통하지 않고서 인간에게 존재할 수 있는 것은 아무것도 없습니다. 그러므로 당신은 의식으로 시선을 돌려야만 합니다. 의식만이 삶의 현상들을 설명할 수 있는 유일한 토대이기 때문입니다.

우리가 의식을 첫째 원인으로 인정한다면, 그 원인에서 펼쳐져 나간 것들도 의식과 무관할 수 없다는 것을 알 것입니다. 다시 말해 첫 번째 원인 재료가 빛이라면, 그것의 모든 산물들, 열매들, 발현된 모든 것들은 빛으로 남아 있어야 합니다. 첫 번째 원인 재료가 의식이라면, 그것의 산물들, 열매들 그리고 현상들은 의식으로 남아 있어야 합니다.

우리가 볼 수 있는 모든 것들은 같은 재료로 만들어진, 더 높거나 낮은 형태 혹은 변형물에 불과합니다. 다시 말해서 당신의 의식이 유일한 실체라면, 그것은 분명 유일한 재료이기도 할 것입니다. 결과적으로 상황들, 조건들, 심지어 물질적 대상들로 보이는 것들 모두는 실제로 당신 의식의 산물일 뿐입니다.

- 네빌 고다드, 《전제의 법칙》 중에서 -

사람들은 의식이 유일한 실체라는 것을 알지 못한다. 그 이

유는 의식이 무엇인지 모르기 때문이다. 영혼과 의식은 다르다. 영혼은 무언가를 창조하는 능력을 갖고 있다. 이것은 창조주로부터 받은 신적인 능력이다. 다만 이 능력을 활용하기 위해 필요한 것이 의식이다. 의식은 마음과 생각(상상)을 만들어낸다. 마음과 생각이 그려내는 것이 현실에 창조되는 것이다. 우리 눈에 보이는 모든 것들은 시간이 지남에 따라 변한다. 하지만 의식은 모든 것들을 만들어낸 근원이기 때문에 변하지 않는다. 그래서 의식이 유일한 실체라고 하는 것이다.

지금의 삶이 마음에 들지 않는다면 원하지 않는 것들에 의식을 두었기 때문이다. 의식은 자동적으로 빈번하게 인식하는 것들을 창조한다. 지금부터 원하는 것들에만 의식을 둔다면 원하는 삶이 펼쳐지게 된다. 그 누구도 이를 막을 수 없다.

네빌 고다드는 의식이 바뀌면 변화가 시작된다고 말한다. 빠르게 의식을 변화시키기 위한 방법이 있다. 의식 성장, 영혼의 진보에 도움 되는 책들 위주로 읽는 것이다. 그 이유는 의식과 영혼에 관한 책을 읽지 않는다면 진정한 '나'에 대해 알지 못하기 때문이다. 나에 대해 알지 못하는 사람은 나를 제대로 작동

하는 법을 모른다. 그러니 아무리 많은 책을 읽고 유명한 사람들의 강연을 듣고 끊임없이 자기계발을 하더라도 아무런 변화가 없는 것이다.

의식을 빠르게 바꾸고자 한다면 내가 조언하는 대로 해보라. 나는 이 방법으로 제자들의 의식을 통째로 바꾸었다. 어떤 책을 읽어야 할지 모르겠다면 내가 운영하고 있는 네이버 카페 '한국영성책쓰기코칭협회(한책협)'에 가입해보라. 내가 도움을 줄 것이다.

CHAPTER 5
인생에 기적을 일으키는 강력한 자아관념의 힘

건강, 부, 아름다움 그리고 천재성은 창조되지 않습니다. 그것들은 당신 마음의 배열상태, 즉 당신의 자아관념에 의해서 외부로 구현될 뿐입니다. 그리고 당신의 자아관념이란 당신이 사실이라 받아들이고 동의한 모든 것들을 말합니다. 당신이 어떤 것을 사실로 받아들이고 동의했는지는 삶에 대한 당신의 반응들을 있는 그대로 관찰하면 알 수 있습니다. 당신의 반응들은 당신이 마음속에서 거주하는 곳을 드러내줍니다. 그리고 당신이 마음속에서 거주하는 곳은 당신이 외부의 가시적 세계에서 어떻게 살게 될지를 결정합니다.

- 네빌 고다드, 《전제의 법칙》 중에서 -

우리는 반복적으로 윤회하는 존재다. 어떤 사람은 수백, 수천 번을 살았을 것이다. 반복적으로 윤회하는 동안 다양한 체험을 하면서 지식과 깨달음, 지혜를 축적했다. 그러한 것들은 영적인 자산이다. 영혼의 성장과 영적인 진보를 이루게 도와준다.

우리 모두는 내면에 자신이 원하는 것 이상을 갖추고 있다. 건강과 부, 아름다움, 천재성…. 이 모든 것들을 외부에서 찾아선 안 된다. 내 안에서 찾을 때 그것은 밖으로 표출되기 때문이다. 안타깝게도 대부분의 사람들이 자신이 바라는 것을 찾기 위해서, 얻기 위해서 밖으로만 떠돈다. 그렇게 떠돌면서 인생에서 가장 중요한 시간을 낭비하고 만다. 자기 안에서 찾지 못하는 것은 그 어디에서도 찾을 수 없다.

인생에 기적을 일으키는 강력한 힘은 자아관념에 있다. 자기 자신에 대해 어떻게 생각하고, 바라보고, 믿느냐에 따라 모든 것이 달라지기 때문이다. 우리 모두는 신적인 존재로서 완벽한 영혼들이다. 우리는 현생을 살면서 우리의 근원이자 영적인 부모인 창조주로부터 부여받은 건강과 부, 아름다움, 천재성을 마음껏 발휘해야 한다. 그러기 위해 이번 생을 선택한 것이다.

CHAPTER 6
당신의 의식이 당신의 세상을 만드는 유일한 원인이다

한 사람이 겪게 되는 것들 모두는, 즉 그 사람이 행하는 것들 모두와 그 사람에게서 비롯되어 일어나는 일들 모두는 그의 의식 상태의 결과로 일어난 것입니다. 그리고 한 사람의 의식은 그가 생각하고 바라고 사랑하는 모든 것, 믿고 동의하는 모든 것으로 이루어져 있습니다. 이것이 바로 외부 세상을 바꾸기 전에 의식의 변화가 필요한 이유입니다. 대기 상층부의 기온이 변해야 그 결과로 비가 내립니다. 마찬가지로 의식의 상태가 변해야 그 결과로 환경의 변화가 일어나게 됩니다.

변화가 이루어지려면, 생각들의 전반적 토대가 바뀌어야 합니다. 생각은 관념으로부터 나오기 때문에 먼저 새로운 관념을 갖지 않으면 생각은 바뀌지 않습니다. 모든 변화의 시작은 변화되고자 하는 강렬하고 뜨거운 열망입니다.

마음을 새롭게 하는 첫 단계는 그런 열망과 소망입니다. 자신을 변화시키기 위해서는 먼저 달라지기를 원해야 하고 의도해야 합니다. 그 후 당신에게 필요한 것은 미래의 꿈을 현재의 사실로 받아들이는 것입니다. 당신은 자신의 소원이 성취된 느낌을 가짐으로써 그 일을 할 수 있습니다. 지금 모습이 아닌 다른 모습이 되고자 갈망한다면 당신은 자연스레 당신이 되기 원하는 이상적인 사람의 모습을 떠올리게 되고, 당신이 이미 그 사람이라는 전제를 받아들일 수 있게 됩니다. 이러한 전제(前提)를 끝까지 고집해서 이것이 당신의 지배적인 느낌이 된다면 원하는 것은 필연적으로 이루어질 것입니다.

당신이 성취하고자 하는 이상(理想)은 항상 구현될 준비가 되어 있지만, 당신이 그것에 인간의 혈통(Human Parentage)을 부여하지 않으면 세상에 태어날 수 없습니다. 그러므로 당신은 보다 더 높은 상태를 나타내고자 하는 열망으로 마음을 가득 채워야만 합니다. 이렇게 당신 자신에 대한 새롭고 더 위대한 가치를 세상에 나타나게 할 유일한 사람은 당신입니다.

— 네빌 고다드, 《전제의 법칙》 중에서 —

나는 사람들에게 삶을 변화시키고자 한다면 가장 먼저 자기 자신을 변화시켜야 한다고 말한다. 자신은 그대로이면서 삶은 달라지기를 바란다면 사기꾼이나 다름없다. 인생은 각자가 생각과 말과 행동, 감정과 느낌이 마치 눈처럼 쌓여서 만들어진 것이다. 지금의 삶이 불만족스럽다면 지금껏 가졌던 생각과 말과 행동 등, 이러한 것들을 모두 바꿔야 한다. 그러면 삶은 조금씩 달라지기 시작한다.

과거의 나는 가난 때문에 보통 사람들은 겪기 힘든 일들을 많이 겪었다. 지금 생각해보면 내가 가난했기 때문에 시련들을 겪은 것이 아니었다. 크게 두 가지 이유 때문이었다.

하나는 가난한 내가 큰 꿈을 가졌기 때문에 그 과정에서 외적인 저항을 받은 것이었고, 다른 하나는 대중들이 가는 방식으로 성공하고 부자가 되기 위해 애썼기 때문에 시련들을 겪은 것이었다.

남들처럼 고만고만한 직장생활만 한다면 인생에 큰 시련은 찾아오지 않는다. 작은 인생을 사는데 어찌 큰 시련이 찾아오겠는가! 사실 시련도 사람을 봐가면서 찾아온다. 이 사람이 큰 인물이 될 수 있는지, 커다란 성공을 거머쥘 수 있는 인내와 단단함을 가졌는지 테스트하기 위해서다.

기초생활수급자 가정에서 자라고 전문대를 나온 내가 지금처럼 자수성가 부자가 될 수 있었던 것은 이것 때문이었다. 의식이 당신의 세상을 만드는 유일한 원인이라는 것을 깨달았기 때문이다.

가난으로 인해 고통받았을 당시 나는 가난한 부모님 때문에 나도 가난하게 사는 것이라고 생각했다. 그래서 부모님이 원망스러웠고 다시 태어난다면 부잣집에서 태어나고 싶다는 생각을 자주 했다. 하지만 의식이 모든 것의 원인이라는 것을 알면서 쓰레기로 가득 찬 의식을 바꾸기 위해 노력했다. 의식 속에 있는 가난과 관련한 것들은 모두 쓰레기통에 던져버렸다. 그리고 내가 바라는 것들로 채워나가기 시작했다. 이런 과정을 통해 의식이 변화되자 가슴 뛰는 소망이 생겨나기 시작했다. 그 소망을 이루고 싶은 뜨거운 열망이 24시간 그림자처럼 나를 따라다녔다. 그 결과 지금의 내가 있게 된 것이다.

새로운 삶을 살고자 한다면 반드시 기억하고 새겨야 한다. 당신의 의식이 당신의 세상을 만드는 유일한 원인이라는 것을.

CHAPTER 7
지금 바로 이렇게 상상하라, 단지 그뿐이다

당신은 불꽃을 알고 싶은 욕망으로 기꺼이 자신을 파괴하는 나방과 같이, 새로운 사람이 되기 위해서 기꺼이 현재 자아를 죽여야만 합니다. 건강이 무엇인지 알고자 한다면 먼저 '나는 건강하다'고 인식해야 합니다. 안전이 무엇인지 알고자 한다면 먼저 '나는 안전하다'고 인식해야 합니다.

그러므로 새롭고 더 큰 가치를 지닌 자아를 나타내고자 한다면 '내가 이미 원하는 존재가 되었다'고 전제해야만 하며 이렇게 새롭게 사실로 받아들인 믿음 속에서 살아가야 합니다. 아직 원하는 것이 당신 삶의 현실 속에서 구현되지 못했을지라도 원하는 존재가 이미 되었다는 전제를 완전하게 지켜감으로써, 이러한 새로운 의식의 상태가 외부에 구현될 것임을 확신해야 합니다. 이것이 완전함이며, 온전함입니다. 완전함과 온전함이란, 자아를 넘어선 이상에 자신을 내던지는 것으로, 이것이 의식을 새롭게 하여 변화를 가져오는 것입니다.

- 네빌 고다드, 《전제의 법칙》 중에서 -

2022년 12월 15일 눈이 펑펑 내리는 날이었다. 이날 오후 한 40대 초반의 여성이 전라남도 광주에서 직접 차를 몰고 나에게 상담받기 위해 찾아왔다. 그녀에게는 아직 어린 두 딸이 있었는데 혼자서 양육하고 있었다. 지역에서 화가로 활동하고 있었지만, 경제적인 도움이 되지 못했다. 사연을 들어보니 내 가슴이 아플 정도로 안타까웠다. 남편과 행복한 결혼생활을 해나가던 중 어느 날 갑자기 남편이 교통사고로 세상을 떠난 것이었다. 결혼 4년 차에 일어난 일이다. 그녀가 가장이 되었고 생계를 책임지기 위해 근처 초등학교에서 방과 후 미술 교사로 근무했다. 한 달 수입이 100만 원도 채 되지 않았다고 했다.

그녀는 그동안 삶을 바꿔보기 위해 여러 가지 자기계발을 했다고 했다. 유명한 작가와 유튜버들의 영상을 수없이 봤고 그들의 특강을 들었지만 삶은 그대로였다. 그러던 중 나의 유튜브 영상을 보고, 나의 책 《더 세븐 시크릿》과 《이 책은 책 쓰기로 돈 버는 방법에 관한 이야기》를 읽고서 나를 찾아오게 되었다. 나는 그녀가 처한 상황에 대해 경청하고 나서 앞으로의 방향에 대해 조언했다. 그때 내가 한 말은 이것이었다.

"제가 보기에 보통 사람들에 비해 훨씬 나은 스펙을 갖고 있고, 화가로도 활동하고 있는데 가난하게 사는 건 말이 되지 않습니다. 지금까지 본인이 경험한 것들이 서 말 정도나 되는 구슬이라고 여긴다면, 그 경험을 책으로 쓴다면 구슬들을 꿰어 보배로 만드세요. 성공해서 책을 쓰는 것이 아니라 책을 써야 성공한다는 성공 진리를 기억하고 바로 실행해보세요."

그러면서 나는 네빌 고다드가 말하는 '가난한 의식을 부자의 의식으로 바꿔야 한다'고 했다. 의식만 바꿔도 삶은 한순간에 달라질 수 있기 때문이다. 그녀는 나와 상담하던 그 날 바로 퍼스널 브랜딩을 위해 〈책 쓰기 교육과정〉에 등록했다.

나는 그녀가 제출한 자기소개서를 거듭 읽어보면서 어떤 책을 쓰면 좋을지 고민했다. 그리고 그녀에게 가장 적합한 주제를 정해주었다.

나는 그저 책 한 권 출간을 목표로 가르치지 않는다. 그것은 초보 코치나 하는 짓이다. 나는 일 년에 한두 권을 꾸준히 쓸 수 있는 나의 책 쓰기 스킬을 전수하는 데 목적을 두고 있다. 그녀에게 책 제목과 목차 만드는 법을 세세히 알려주었고, 원고 쓰는 방법까지 완벽하게 전수했다. 이렇게 해서 그녀는 매일경제신문사에서 《명화에게 말을 걸다》라는 책을 출간했다. 그녀가 바로 김교빈 작가다. 책 출간 후 그녀는 화가이자, 작가, 중등학교 미술교사로서 행복한 삶을 살고 있다.

많은 사람이 힘든 삶을 개선하기 위해 나를 찾아오고 있다. 나는 그들에게 새로운 삶은 외부에서 창조되는 것이 아니라 내부에서 창조된다고 말한다. 가난한 사람은 내면에서 자신이 부자라는 것을 인식해야 한다. 몸이 아픈 사람은 내면에서 건강하다는 것을 인식해야 한다. 그렇게 할 때 자신이 바라는 것이 현실에서 나타나게 된다.

CHAPTER 7. 지금 바로 이렇게 상상하라, 단지 그뿐이다

CHAPTER 8
오직 상상의 눈으로 세상을 바라봐야 하는 이유

'결과를 내기 위해서는 의식의 상태가 필요하다'라는 말은, 그 의식의 상태가 없다면 결과를 낼 수 없다는 뜻입니다. 당신은 더 위대한 삶을 느낄 수 있고 새로운 자아관념을 가질 수 있기에, 외부자연이 갖고 있지 못한 것을 가지고 있는 것입니다. 그것이 상상력이며 상상력은 당신의 세상을 창조하는 도구입니다.

당신의 상상력은 도구이자 수단이며, 당신은 상상력이란 것을 통해 질병과 가난이라는 노예 상태로부터 구원받을 수 있습니다. 당신이 자신에 대한 새롭고 더 높은 관념을 나타낼 책임을 맡기 거부한다면 당신은 당신을 구원해주고 당신의 이상을 성취하게 해줄 유일한 수단을 거부하는 것과 같습니다.

상상력은 우주 안에 존재하는 유일한 구원의 힘입니다. 그러나 당신의 본성은 지금 갖고 있는 현재의 자아관념(자유와 건강과 안전에 굶주려 있는 사람)에 그대로 머무를 수도 있고, 반대로 상상력을 구원의 도구로 사용할 수도 있습니다. 즉, 당신이 이미 원하는 존재가 되었다는 상상으로 당신의 욕망을 충족시켜 스스로를 구원할 수도 있습니다.

- 네빌 고다드, 《전제의 법칙》 중에서 -

사람이 아무리 상상을 해도 이루어지지 않는 이유가 있다. 가장 중요한 것이 결여되어 있기 때문이다. 자신이 바라는 것을 구현하기 위해 반드시 필요한 것이 '의식의 상태'다. 의식의 상태라고 하면 많은 사람이 이 말의 뜻에 대해 이해하지 못한다. 쉽게 설명하면 상상 속에서 자신이 바라는 것이 이루어져 있는 그 상태를 뜻한다.

나는 지금껏 300여 권의 책을 집필했다. 지금도 새로운 책들을 쓰고 있다. 책을 쓸 때 내가 하는 습관이 있다. 내가 쓴 책이

예쁜 책으로 출간되어 서점에 진열되어 있는 상상을 한다. 많은 사람이 내 책을 감명 깊게 읽고 행복해하는 상상, 빠르게 성공하는 방법을 배우기 위해 나를 찾아오는 상상을 한다. 이런 상상이 네빌 고다드가 말하는 의식의 상태다. 이런 상상은 내부에 잠재되어 있는 의식을 깨워준다. 잠재의식이 깨어날 때 현실이 달라지기 시작한다. 상상하는 일들이 외부 현실에 나타나는 것이다.

이것은 창조주께서 우리에게 주신 영적인 도구 가운데 가장 위대한 것이다. 자신을 스스로 구원하는 그리스도이기 때문이다. 그런데 안타깝게도 많은 사람이 상상력을 자신을 구원하기보다 억압하는 데 사용한다. 그들이 경제적으로 궁핍할 뿐 아니라 마음이 자유롭지 못한 이유다. 나는 교육 시간에 제자들에게 상상하는 방법에 대해 많은 시간을 할애해서 가르치고 있다. 내가 아무리 신박한 기술들을 알려준다고 하더라도 제자들이 그릇된 상상, 즉 실패를 끌어당기는 상상을 한다면 나의 노력은 허사이기 때문이다.

당신은 상상력을 자신을 구원해주는 도구로 사용할 수도 있고, 지옥으로 이끄는 도구로 사용할 수도 있다. 그동안 내가 그래왔던 것처럼 당신도 이미 원하는 존재가 되었다는 상상과 그에 대한 믿음으로 걸어가길 바란다.

CHAPTER 9
바뀌어야 할 것은
오로지 나 자신뿐이다

 자신에 대한 관념이 바뀌면 그 결과로 삶이 변화되지만, 깨어나지 못한 자들의 눈에는 그런 결과들이 의식의 변화로 일어난 것이 아닌 우연처럼 보이거나 외부 세계의 원인 때문에 일어난 것으로 보입니다. 하지만 진정 당신의 삶을 지배하는 운명은 그런 외부적인 것이 아닌 당신의 자아관념, 즉 당신이 갖고 있는 전제들에 의해 결정됩니다. 당신이 사실로 받아들인 것은 비록 그것이 지금은 거짓일지라도 끝까지 고집하면 사실로 굳어지기 때문입니다.

 당신이 추구하고 성취하고자 하는 이상은 저절로 나타나지 않으며, 당신이 이미 그 이상적 모습이 되었다고 상상해야만 비로소 현실에 나타납니다. 근본적인 심리적 변화, 즉 소원이 성취된 느낌을 갖는 것 이외에 다른 길은 없습니다. 그러므로 당신이 원하는 결과와 성취를 이뤄낼 수 있는지를, 당신의 상상력 사용 능력의 잣대로 삼으십시오.

당신 자신에 대해 당신이 어떤 마음가짐을 지니고 있느냐에 따라 모든 것이 달려 있습니다. 당신이 사실이라고 단언하는 것, 이런 태도가 당신의 목표를 실현시킬 수 있는 필수조건이기 때문에 만일 그렇게 단언하지 못한다면 당신의 목표는 실현될 수 없습니다.

- 네빌 고다드, 《전제의 법칙》 중에서 -

초·중·고등학교 교과서 16권 글 수록, 300권 책 집필, 1,200명 작가 양성, 글쓰기 훈련 시스템 특허 출원, 출판 가이드 시스템 특허 출원, 부동산 40개, 자산 200억…. 사람들은 그동안 내가 성취한 결과물을 보고서 기적과 같은 일이라고 생각한다. 나는 결코 기적이 아니라고 말한다. 세상에는 기적이란 존재하지 않기 때문이다.

　모든 것은 우리가 하는 상상에 의해 나타나는 결과물일 뿐이다. 다만 과거에 자신이 어떤 상상을 했는지 기억하지 못하기 때문에 기적이라고 말하는 것이다. 당신의 마음 안에 바라는 소망을 실현할 수 있는 모든 것들이 갖추어져 있다. 외부에서 찾으려고 하지 말고 내 안에서 찾아야 한다. 인생에서 기적이라고 일컬어지는 일들을 창조하는 힘은 내면에 있다.

　자아관념을 위대한 것으로 채워야 한다. 자아관념은 사실이라고 받아들이고 믿는 것을 그대로 외부 세계에 나타내기 때문이다. 지금 당신의 현실은 그동안 가졌던 자아관념의 결과물이라고 해도 무방하다. 현실이 마음에 들지 않는다면 자아관념을 바꿔야 한다.

CHAPTER 10
닫혀 있는 잠재의식의 문을 열면 놀라운 일이 일어난다

모든 변화는 상상에 기초하며 당신이 자신을 특정한 변화된 상태에 완전히 내려놓아 순응시킬 때 이런 상상 속 변화가 일어날 수 있습니다. 사랑하는 사람에게 자신을 내맡기듯, 당신은 당신의 이상에 자신을 내맡겨야 합니다. 왜냐하면 자신을 이상에 완전히 내맡기는 것만이 그 이상과 하나 되는 방법이기 때문입니다.

당신이 사실로 받아들인 것이 현실과 같은 감각적 생생함을 가질 때까지 당신은 소원이 성취된 느낌을 가져야 합니다. 당신은 소망하는 것을 이미 경험하고 있다고 상상해야 하고, 소원이 성취된 그 느낌에 완전히 사로잡힐 때까지 그 느낌을 계속 지녀야 합니다. 그러면 그 느낌은 그것과 모순되는 생각들을 의식 밖으로 몰아낼 것입니다.

소원이 이미 성취되었다는 전제가 자신의 꿈을 실현시키는 유일한 방법이라고 믿으면서도 그 속으로 뛰어들 준비가 되어 있지 않은 사람은 전제의 법칙을 의식적으로 사용하며 살 준비가 되지 않은 것입니다. 물론 그런 사람 역시도 무의식적으로는 전제의 법칙에 의거해서 살아가고 있다는 것은 의심할 여지가 없습니다.

이 법칙을 받아들이고 의식적으로 소원이 이미 성취되었다고 전제하며 살아갈 준비가 되었다면 당신의 삶은 흥미진진하게 바뀌기 시작할 것입니다.

당신이 더 높은 수준의 존재로 도달하기를 원한다면 당신은 더 높은 자아관념을 가져야 합니다. 자신을 현재 모습이 아닌 다른 사람으로 상상하지 않는다면 당신은 현재 모습 그대로 남게 됩니다.

너희가 만일 내가 그리는 것을 믿지 못한다면, 너희는 죄 가

운데서 죽으리라. [요한복음 8장 24절]

당신이 '그(자신이 원하는 존재)라고 믿지 않으면', 당신은 현재 모습 그대로 남게 됩니다.

소원이 성취된 느낌을 충실히 체계적으로 키워나간다면, 당신의 소원은 성취를 약속받게 됩니다.

소원이 성취된 느낌을 가지면 미래의 꿈은 현실이 될 것입니다.

- 네빌 고다드, 《전제의 법칙》 중에서 -

"당신의 의식이 당신의 세상을 만드는 유일한 원인이다!"

내가 사람들에게 자주 하는 말이다. 의식을 바꾸지 않은 채 하는 노력은 돈과 시간, 에너지 낭비일 뿐이다. 이것을 모르는 사람들이 거의 전부라고 과언이 아니다. 힘든 현실을 어떻게든 개선 시켜보려고 죽을힘을 다해 노력하지만 제자리걸음이다. 의식 속에 있는 것들이 곧 현실에 나타난다. 가난한 사람들의 의식 안을 들여다보면 불안과 두려움, 결핍으로 가득 차 있다.

그러니 갖은 노력을 기울여도 가난에서 벗어날 수 없는 것이다.

네빌 고다드는 이렇게 말한다.

"일어나는 일들 모두는 그의 의식 상태의 결과로 일어난 것입니다. 그리고 한 사람의 의식은 그가 생각하고 바라고 사랑하는 모든 것, 믿고 동의하는 모든 것으로 이루어져 있습니다. 이것이 바로 외부 세상을 바꾸기 전에 의식의 변화가 필요한 이유입니다."

나는 현재 네이버 카페 '한책협'을 운영하고 있다. 글쓰기, 책쓰기, 퍼스널 브랜딩 교육, 무자본 창업, 유튜브 영상 제작과정 등 지식창업에 필요한 모든 것을 가르치고 있다. 나에게 코칭을 받는 사람들은 대부분 삶이 힘든 가운데 있다. 이들에게 내가 가장 먼저 가르치는 것이 의식 변화다. 그 이유는 의식 변화가 되지 않은 사람에게 아무리 돈 버는 기술, 빠르게 책 쓰는 기술을 알려줘봤자 내면의 저항 때문에 잘 따라오지 못하기 때문이다.

내가 수강생들에게 때로 독설을 퍼붓고 하는 것은 그동안 해왔던 사고방식과 에고, 내면의 저항을 깨트려주기 위해서다. 그동안 나를 만나 월 수억 원에서 수천만 원씩 버는 사람들이 배출될 수 있었던 것은 나의 최고의 실력과 함께 그들의 의식 변화를 일으켰기 때문이다. 단기간에 삶을 바꾸고자 한다면 무조건 의식 변화부터 전제되어야 한다는 것을 기억해야 한다.

CHAPTER 10. 닫혀 있는 잠재의식의 문을 열면 놀라운 일이 일어난다

CHAPTER 11
우리는 우리가 인식한 우리의 모습을 끌어당긴다

삶이라는 연극은 마음에 관한 드라마이며, 당신이 사실로 받아들인 것들이 그 드라마 안에서 모든 환경과 상황과 사건들로 나타납니다. 당신이 사실로 받아들인 것들이 당신의 삶을 결정하기에 당신은 당신이 전제한 것들의 노예가 되거나 아니면 주인이 된다는 것을 반드시 명심해야 합니다. 당신의 믿음을 자유자재로 조절할 수 있다면 당신은 상상조차 못 했던 자유와 행복을 맛볼 열쇠를 갖게 됩니다.

의도적이고 의식적으로 상상력을 통제함으로써 당신은 당신 운명의 주인이 될 수 있습니다. 당신은 다음과 같은 방식으로 당신의 전제들을 결정할 수 있습니다. 원하는 상태나 되고 싶은 사람의 이미지를 마음으로 그려보세요. 이제 이미 그 사람이 되었다는 그 느낌에 주의를 집중시키세요. 먼저 당신의 의식 속에서 그 영상을 시각화하세요. 그 후에 마치 그것이 당신 주변 세상에 형성된 것처럼 그 상태에 있다고 느끼세요. 당신의 상상력은 단지 마음속의 이미지에 불과했던 것을 확고한 현실처럼 바꿔줍니다.

위대한 비밀은 통제된 상상력과 실현시키고자 하는 대상에 대한 확고하고 반복된 주의 집중에 있습니다. 당신은 마음 세상 안에서 이상을 창조하고 당신이 이미 그 이상이라고 받아들임으로써 그 이상과 자신을 동일시하여 자신을 그 이미지로 변형시키는 일을 합니다. 이상을 생각하는 것이 아니라 이상으로부터 생각하는 것입니다. 이것은 아무리 강조해도 지나치지 않습니다. 이상을 생각하면 모든 상태는 '단순한 가능성'으로 존재하게 되지만, 이상에서 생각할 때는 강렬한 현실이 됩니다.

- 네빌 고다드, 《전제의 법칙》중에서 -

CHAPTER 11. 우리는 우리가 인식한 우리의 모습을 끌어당긴다 상상력은 가장 힘이 세다. 자신이 평소에 하는 상상력을 통제할 수 있다면 삶은 빠르게 달라진다. 우리가 평소에 자주 떠올리는 것들이 현실에 나타나기 때문이다. 가난한 삶을 살고 있는 사람들은 전부가 아닐지라도 대부분 상상력을 통제하지 못한다. 자신이 바라는 것들을 상상하기보다 싫어하는 것들을 상상한다. 그 이유는 싫어하기 때문에 자신도 모르게 상상하게 되는 것이다.

네빌 고다드는 의식적으로 상상력을 통제하라고 말한다. 그렇게 할 때 운명의 주인이 될 수 있다는 것이다. 나 역시 누구보다 지독한 가난으로 비참한 삶을 살았지만, 운명을 바꾸었다. 내가 지금과 같은 삶을 살 수 있게 된 것은 내가 싫어하는 것들을 상상하기보다 내가 바라는 것들을 상상했기 때문이다. 당신도 의도적으로 상상력을 통제하는 훈련부터 해야 한다. 당신이 인식한 당신의 모습을 끌어당기기 때문이다.

CHAPTER 12
성공하려면 자동으로 '이것'을 떠올려라

 소원이 성취된 느낌을 사실로 받아들이고 그 안에 계속 머물면 그 상태의 결과물을 얻게 되는 반면, 소원이 성취된 느낌을 사실로 받아들이지 못하면 당신은 그 결과물을 얻지 못할 것입니다. 상상력이 구원의 기능을 한다는 것을 이해한다면 당신은 모든 문제를 해결할 수 있는 마스터키를 얻은 것입니다. 당신 인생의 매 순간은 당신의 상상력에 의해 만들어집니다. 확고부동한 상상은 당신을 성장시키고 당신의 꿈을 이루게 해주는 유일한 수단입니다. 그것은 모든 창조의 시작이자 끝입니다.

 가장 중요한 비법은 상상력을 통제하고 주의력을 잘 유지해서 소원이 성취된 느낌에 의식의 초점을 반복적이고 확고하게 맞추는 것입니다. 이러한 과정을 지속시킴으로써 소원이 이루어진 느낌이 마음을 가득 채워 다른 생각들이 모두 사라질 때까지 집중하는 것입니다.

그대를 자유롭게 해주는 진리를 듣는 것보다 더 소중한 선물이 무엇이 있으리요? [요한복음 8장 32절]

당신을 자유롭게 해주는 진리란, 현실에서 경험하고 싶은 것을 상상 속에서 경험할 수 있다는 것, 그리고 이런 상상 속 경험을 꾸준히 유지하면 당신의 소망은 현실이 된다는 것입니다. 당신을 속박하는 것은 통제되지 않은 상상력과 성취된 느낌에 대한 집중력의 결여입니다. 상상력을 통제하지 못하고 소원이 성취된 느낌에 꾸준히 집중하지 못하면 아무리 많은 기도나 경건한 행위를 해도 당신이 바라는 결과를 낳을 수 없습니다.

원하는 어떤 이미지도 마음대로 떠올릴 수 있고 상상 속의 형상들을 외부의 사물들처럼 생생하게 느낄 수 있다면 당신은 당신 운명의 주인이 된 것입니다. 생각과 시간과 돈을 낭비하는 것을 중단하십시오. 삶의 모든 것을 투자가 되게 하십시오.

- 네빌 고다드, 《전제의 법칙》 중에서 -

"저도 책을 쓰고 싶은데 가능할까요?"

"제가 쓴 책이 베스트셀러가 되었으면 좋겠어요."

"저를 너무 힘들게 하는 빚을 다 갚고 경제적 자유인이 되고 싶어요."

"평생 저 때문에 고생한 부모님께 집을 사드리고 싶어요."

대부분 이런 식으로 자신의 소망을 말한다. 아쉬운 점이 있다면 소망을 그저 '바람'으로 인식한다는 것이다. 이루어지면 좋고, 안 이루어지면 어쩔 수 없지, 뭐. 이런 느낌이다. 소망을 현실로 만들기 위해선 바라는 것이 성취된 느낌을 가질 수 있어야 한다. 생생한 느낌과 함께 이루어진 상태를 상상해야 한다. 소망이 어떤 식으로 이루어질지에 대해 궁금해할 필요도 없다. 창조의 원리는 인간의 사고로는 도저히 이해할 수 없기 때문이다.

우리의 스승 예수께서는 "진리가 너희를 자유하게 하리라"라고 말씀하셨다. 진리는 단순하다. 인생의 매 순간은 우리가 하는 상상력에 의해 만들어진다. 빠르게 성공하고, 부자가 되고자 한다면 반드시 기억해야 한다. 일부러 생각하지 않아도 자동으로 자신이 바라는 것이 성취된 상상을 할 수 있어야 한다는 것!

CHAPTER 13
원하는 인생을 연기하라

당신이 원하는 것을 분명하게 안다면, 당신은 의도적으로 소원이 성취된 느낌에 주의를 집중해야 하며 그 느낌으로 마음을 가득 채워서 다른 생각들을 모두 의식 밖으로 몰아내야 합니다. 주의력은 당신 내부 힘의 척도입니다. 하나를 집중해서 주목하면 다른 것들은 차단되고 사라집니다. 성공의 가장 큰 비밀은 어떤 산만함도 허락하지 않으면서 소원이 성취된 느낌에 주의를 집중시키는 것입니다. 집중의 힘을 키워야 모든 발전이 가능합니다. 당신을 행동하게끔 이끄는 생각들은 당신의 의식을 지배하고 주의를 사로잡은 생각들입니다. 다른 생각들을 몰아낸 집중된 생각이 행동을 하게 만듭니다.

- 네빌 고다드, 《전제의 법칙》 중에서 -

우주는 당신의 느낌을 듣는다. 당신이 원하는 것이 있다면 그것이 이루어진 상태를 떠올리면서 느낌을 가져야 한다. 아주 생생한 느낌을 가질 때 우주는 반응하게 된다. 그동안 나는 100가지 이상의 소망들을 성취했다. 어떤 소망은 빠르게 성취되었고, 어떤 소망은 천천히 성취되었다. 매 순간 강렬한 느낌을 가지면서 상상한 것들은 모두 단기간에 이루어졌다.

네빌 고다드는 소원이 성취된 느낌에 주의를 집중하라고 말한다. 내면에 그 느낌을 가득 채워야 한다는 것이다. 그러할 때 자신이 주의 집중하는 것 외에는 차단된다. 이것이 원하는 인생을 연기하는 것이다. 배우가 무대에서 실제처럼 연기하는 것처럼 느끼고, 상상하고, 유지한다면 그런 인생이 펼쳐진다. 이것이 네빌 고다드가 말하는 가장 큰 성공의 비밀이다.

나는 현재 내가 운영하고 있는 교육회사에서 의식 성장과 영성, 차원 상승에 대한 강의를 진행하고 있다. 줌(Zoom)을 통해 온라인으로 강의를 하기 때문에 우리나라 각지는 물론 해외에서도 참여하고 있다. 네빌 고다드가 말하는 상상의 힘, 마음의 법칙에 대해서 제대로 알고자 한다면 참여해보길 바란다.

CHAPTER 13. 원하는 인생을 연기하라

CHAPTER 14
원하는 인생이 저절로 찾아오게 하는 방법

당신이 원하는 것을 상상할 수 있다면, 그리고 생각의 형상들이 외부 세계의 형상들처럼 생생하다면 당신은 상상의 힘을 통해 당신 운명의 주인이 된 것입니다. 당신의 상상력이 진정한 당신 자신이며, 상상으로 본 세상이 당신의 진짜 세상입니다.

주의력을 완전히 통제하고자 한다면 다음을 연습해보세요. 밤마다 당신이 잠들기 전에 그날에 일어났던 일들을 역순으로 기억해보는 것입니다. 당신이 가장 나중에 한 일, 즉 잠자리에 드는 것부터 시작합니다. 그리고 시간의 역순으로 사건들을 거슬러 올라가 보세요. 그러다 보면 마침내 그날의 첫 번째 사건, 즉 잠자리에서 일어난 것에 이를 것입니다. 이것은 결코 쉬운 훈련이 아닙니다. 그러나 특정한 운동을 하면 특정한 근육을 발달시키는 데 도움이 되듯이, 이렇게 하면 당신의 집중력이란 근육을 발달시키는 데 큰 도움이 될 것입니다. 당신 자신에 대한 관념을 성공적으로 바꾸고 그로 인해 당신의 미래까지 바꾸기 위해서는 당신의 집중력을 발전시키고 통제해서 원하는 것에 의식의 초점을 맞출 수 있어야 합니다.

상상력은 무엇이든 할 수 있지만 그것은 당신이 주의력을 내부로 향할 수 있을 때에만 가능합니다. 당신이 매일 밤 이것을 꾸준히 계속한다면, 조만간 당신은 당신 내부에 존재하는 힘의 중심을 일깨울 것이며 당신의 더 큰 자아인, 진정한 당신을 인식하게 될 것입니다.

주의력은 반복적인 연습이나 습관에 의해 발전시킬 수 있습니다. 어떤 행위라도 습관을 들이면 보다 쉬워지며, 그 시간이 쌓이면 하나의 재능이나 능력이 생겨나고, 이것은 더 높은 목적에 쓰일 수 있게 됩니다.

- 네빌 고다드, 《전제의 법칙》 중에서 -

CHAPTER 14. 원하는 인생이 저절로 찾아오게 하는 방법

우리는 모두 언젠가 육신이라는 옷을 벗고 사후세계로 넘어간다. 차원 이동을 한다는 뜻! 사후세계에 가게 되면 그곳은 우리가 살고 있는 물질세계와는 완전 다르다. 상상만 하면 순간 이동이 되고, 무언가를 창조해내고, 상념으로 다른 영혼들과 소통한다. 그곳에선 인간으로 사는 동안 가졌던 생각, 관념, 마음 상태에 맞는 환경을 불러낸다. 각자가 상상을 통해 창조한 환경에서 시간을 보내게 되는 것이다.

현재 우리가 살고 있는 이곳 역시 사후세계와 별반 다르지 않다. 우리 눈에 보이는 모든 것들은 각자의 상상, 집단의식에 의해 창조된 것들이다. 의식주에 필요한 모든 것들, 일상생활에 필요한 모든 것들은 누군가의 상상력에 의해 만들어졌다. 지금 이 순간에도 각자 상상력으로 무언가를 만들어내고 있다.

네빌 고다드는 이렇게 말한다.
"주의력을 완전히 통제하고자 한다면 다음을 연습해보세요. 밤마다 당신이 잠들기 전에 그날에 일어났던 일들을 역순으로 기억해보는 것입니다. 당신이 가장 나중에 한 일, 즉 잠자리에 드는 것부터 시작합니다. 그리고 시간의 역순으로 사건들을 거슬러 올라가 보세요."

시간의 역순으로 거슬러 올라가다 보면 집중력을 발전시키고 통제해서 원하는 것에 의식의 초점을 맞출 수 있기 때문이다. 지식보다 더 강한 것은 상상력이다. 어디든 갈 수 있고, 무엇이든 창조할 수 있다. 한계가 없기 때문이다. 다만 상상력을 제대로 활용하려면 당신의 주의력이 내부로 향해야만 한다. 내부에 모든 것이 갖추어져 있기 때문이다.

CHAPTER 14. 원하는 인생이 저절로 찾아오게 하는 방법

CHAPTER 15
이런 사람은 아무리 막더라도 반드시 성공한다

악에 저항하는 것과 악에 대적하지 않는 것 사이에는 큰 차이가 있습니다. 악에 저항할 때 당신은 악에 주의를 기울이게 되어 그것을 계속 현실로 만들게 됩니다. 악에 대적하지 않게 된다면 악으로부터 주의를 빼앗기지 않아 당신이 원하는 것에 주의를 둘 수 있습니다. 이제 당신의 상상력을 통제해야 할 시간입니다.

재를 대신하여 아름다움을, 슬픔을 대신하여 기쁨을, 근심을 칭찬으로 대신하고 그들이 외로움의 나무, 곧 주(主)께서 심으신 그 영광을 나타낼 그 사람이라 하시리로다. [이사야 61장 3절]

있는 그대로의 모습보다, 당신이 원하는 바대로 되었음에 주의를 집중한다면 당신은 '재를 대신해서 아름다움'을 주게 됩니다. 불리한 상황에 상관없이 즐거운 태도를 유지한다면 '슬픔을 대신해서 기쁨'을 주는 것입니다. 낙담하지 않고 확신에 찬 태도를 유지할 때 당신은 '근심을 칭찬으로' 대신하는 것입니다.

— 네빌 고다드, 《전제의 법칙》 중에서 —

 살다 보면 내가 아무리 잘해주더라도 내게 상처를 주는 사람들이 있다. 대부분의 사람은 자신에게 상처를 준 사람을 떠올리며 화를 내고 원망한다. 절대 그렇게 해선 안 된다. 그 이유는 상대를 생각하게 되면 그러한 일이 반복해서 일어날 수 있는 에너지장이 형성되기 때문이다. 이는 악에 주의를 기울이는 것이 된다. 끌어당김의 법칙은 빈번하게 생각하는 것을 끌어당긴다는 것이다. 결국 똑같은 현실이 반복되게 된다.

 아버지 창조주께서는 내게 끌어당김에 대해 정확하게 알려주셨다.

 "끌어당김을 아느냐? 끌어당김은 단순히 끌어당김이 아니다. 끌어당김은 반응이다. 너희가 생각하든, 생각하지 않든 시간과 공간과 모든 물질과 비물질을 망라하여 만들어놓은 어떤 반응이다. 이것의 원리를 이해하면 너희의 삶과 사명이 정확해지고 분명해지고 깊어지며 감사함으로 연결될 것이다."

내게 상처를 준 사람에게 하는 가장 현명한 복수는 그를 생각하지 않는 것이다. 머릿속에서 완전히 지우는 것이다. 이렇게 하면 악으로부터 주의를 기울이지 않게 되어 원하는 것에 주의를 기울 수 있다. 인간관계를 떠나 물질과 비물질 모두 고유한 에너지 진동수를 발산한다. 자신이 주의를 기울이는 에너지 진동수에 맞는 것이 나에게 끌려온다는 것을 기억해야 한다.

마지막으로 네빌 고다르의 말을 기억해보라!
"있는 그대로의 모습보다, 당신이 원하는 바대로 되었음에 주의를 집중한다면 당신은 '재를 대신해서 아름다움'을 주게 됩니다."

CHAPTER 16
정말 간절히 원하는 것이 있다면 독하게 이 습관 하나만 장착하라

모든 것은 당신 것입니다. 당신의 것을 다른 곳에 가서 구하지 마십시오. 그저 당신이 원한다면 그것을 마음속에서 차지하여서 그것을 주장하고, 이미 그렇다고 받아들이십시오. 모든 것은 당신의 자아관념에 달려 있습니다. 당신은 자신에 대해 사실이라고 주장하지 않는 것을 외부에서 실현시킬 수 없습니다. 그 약속은 다음과 같습니다.

무릇, 있는 자는 더 받아서 풍족하게 될 것이다. 그러나 없는 자는 그 가진 것마저도 빼앗기리라. [마태복음 25장 29절, 누가복음 8장 18절]

무엇이든지 사랑스럽고 무엇이든지 칭찬할 만한 것들 모두를 상상 속에서 확고하게 붙드십시오. 당신이 가치 있는 삶을 살고자 한다면 당신의 삶에서 사랑스럽고 좋은 것들은 필수적입니다.

그것들을 사실인 것처럼 전제하세요. 그렇게 하기 위해서 당신은 이미 원하는 사람이 되었다고 상상하고, 갖고 싶은 것을 이미 가졌다고 상상해야 합니다.

- 네빌 고다드,《전제의 법칙》중에서 -

가난한 사람은 자신이 바라는 것을 외부에서 찾으려고 한다. 여기저기 돌아다니며 시간과 돈과 에너지를 낭비한다. 그리고 아무리 애를 써도 원하는 것을 가질 수 없다며 신을 욕하고, 가난한 부모를 욕한다. 또한 세상이, 사회가 자신에게 기회를 주지 않았다며 분노한다.

반면에 부자는 자신이 바라는 것을 내면에서 찾는다. 자기 자신이 소망을 이루는 알라딘의 요술램프로 여긴다. 이성과 논

리를 따르기보다 이상과 믿음으로 걸어간다. 자신이 소망하는 것이 이미 이루어졌다는 전제하에 실천한다. 그리고 결국 성취한다.

네빌 고다드는 "당신은 자신에 대해 사실이라고 주장하지 않는 것을 외부에서 실현시킬 수 없다"라고 말한다. 자신이 바라는 것을 사실이라고 반복적으로 주장한다면 반드시 이루어진다. 상상 안에서 생생하게 주장할 때 영적인 세계에서 그것은 이미 창조되기 때문이다. 그래서 믿음을 유지한 채 기다리면 되는 것이다.

CHAPTER 16. 정말 간절히 원하는 것이 있다면 독하게 이 습관 하나만 장착하라

CHAPTER 17
다른 건 할 필요가 없다.
부와 성공은 알아서 끌려온다

내 아버지 집에 거할 곳이 많다 그렇지 않으면 너희에게 일렀으리라 내가 너희를 위하여 거처를 예비하러 가니 가서 너희를 위하여 거처를 예비하면 내가 다시 와서 너희를 내게로 영접하여 나 있는 곳에 너희도 있게 하리라 이제 내가 일이 일어나기 전에 너희에게 말한 것은 일이 일어날 때에 너희로 믿게 하려 함이라. [요한복음 14장 23절]

여기 인용문에서 '나'는 당신의 상상력이며 상상이 먼저 미래로, 즉 여러 거처 중에 하나로 간다고 말하고 있습니다. '거할 곳'은 소망하는 의식의 상태입니다. '일이 일어나기 전에 너희에게 말했다' 함은 소망하는 의식의 상태로 먼저 들어가서 그 느낌이 실제와 같은 분위기를 갖게 되는 것을 말합니다. '너희를 위하여 거처를 예비한다'라는 것은 상상을 통해 소망이 성취된 느낌 속으로 들어간다는 것을 말합니다. 이 일이 다 끝마친 후에 당신은 육신이 없는 이러한 소원이 성취된 상태로부터, 육신이 있는 조금 전의 장소로 빠르게 되돌아옵니다.

그 후에, 저항할 수 없는 전진 운동이 일어나 당신은 일련의 사건들을 겪으면서 현실에서 소망이 실현되는 방향으로 나아가게 되며, 당신이 상상 속에서 있었던 그곳에 육신을 업고 가게 됩니다.

- 네빌 고다드, 《전제의 법칙》 중에서 -

성경에 나오는 '내 아버지 집에 거할 곳이 많다'라는 문구의 의미는 상상력 안에 수많은 가능성이 있다는 뜻이다. 다만 아버지 집에 거하기 위해선 소망하는 의식 상태가 전제되어야 한다. 소망하는 것이 있으면 실제와 같은 느낌을 담아 상상해야 한다. 상상할 때 우리는 아버지의 집에 거할 수 있는 자격을 얻게 된다.

과거의 나는 보증금 20만 원에 월세 17만 원짜리 자취방에 살 때, 인생에서 가장 힘든 시간을 보내야 했다. 또래들은 직장 생활하면서, 연애도 하며 나름 즐겁게 살고 있었고, 모두 치열하게 꿈을 향해 나아가는 과정에 있었다. 당시 예기치 않게 일흔을 앞두고 계시던 아버지께서 농약을 마시고 세상을 떠나셨다.

나는 아버지가 음독하시고 다음 날 자정이 다 된 시각에 돌아가실 때까지 모습을 지켜봤다. 삶이란 것이 이렇게 허무할 수가 있는 거구나, 멀쩡하던 사람이 한순간에 저승으로 갈 수 있구나, 정말 슬펐고, 고통스러웠고, 괴로웠다. 나는 아버지의 시신을 염할 때, 아버지께서 마지막 가는 길을 조금이라도 가볍게 가실 수 있도록 두 누나, 두 매형의 도움을 일절 받지 않고 시골집의 빚을 다 갚겠다고 맹세했다. 그 어떤 일이 있더라도.

나는 힘든 시간 속에서도 네빌 고다드가 말하는 대로 '전제의 법칙'을 실천하면서 살았다. 내가 바라는 것이 무엇인지 구체적으로 정했고, 그것을 나의 상상 속에서 전제했다. 그런 과정에서 소망들이 하나씩 실현되기 시작했다. 이 책을 읽고 있는 당신도 과거의 나처럼, 지금의 나처럼 전제의 법칙을 실천해보길 바란다. 아버지께서 보이지 않는 세계에 당신을 위해 마련해 두신 '거처'에 거하게 될 것이다.

CHAPTER 17. 다른 건 할 필요가 없다. 부와 성공은 알아서 끌려온다

CHAPTER 18
성공이 당신을 찾아오게 하는 방법

창조란 이미 존재하는 것의 더 많은 부분을 점점 인식하게 됩니다. 당신은 이미 당신이라고 여기지 않은 존재는 될 수 없으며, 이미 존재한다고 여기지 않는 것을 경험할 수는 없습니다. 그렇기에 어떤 말을 듣기도 전에 이전에 이미 들은 것 같고, 처음 만나는 사람인데 이전에 만났던 경험이 있는 것 같고, 처음 본 장소나 사물이지만 전에 본 적이 있는 듯한 신비한 느낌을 경험하게 됩니다. 모든 창조는 당신 내부에 존재합니다. 그래서 무한한 경이로움을 점점 인식하게 되고 그것을 더 크고 장엄하게 경험하는 것이 당신의 운명입니다.

- 네빌 고다드, 《전제의 법칙》 중에서 -

사람들은 창조를 없는 것을 새롭게 만들어내는 것이라고 생각한다. 그러나 절대 그렇지 않다. 창조란, 다양성을 말한다. 부족한 것은 채우고, 넘치는 것은 덜어내고, 숙성시키고, 성장과 진화시키는 것도 창조라고 말할 수 있다. 우리는 매 순간 창조하는 삶을 살고 있다고 볼 수 있다. 창조에 대해 올바른 이해를 한다면 각자의 삶이 얼마나 경이로운지 깨닫게 된다.

지금부터는 모든 창조는 당신의 내부에 존재한다는 것을 기억해야 한다. 내부에 있는 것들을 자연스럽게 외부로 나타내기만 하면 된다. 그렇게 할 때 가만히 있어도 성공이 당신을 찾아오게 될 것이다.

CHAPTER 18. 성공이 당신을 찾아오게 하는 방법

CHAPTER 19
꿈을 실현하는 자는
부자가 아닌 상상하는 자다

먼저 소망이 성취된 느낌을 가져보세요. 그리고 당신의 의식이 전개되는 경로를 관찰해보세요. 당신이 하나의 전제를 충실하게 받아들인다면, 당신의 의식 앞에는 그 전제와 관련된 이미지들이 펼쳐질 것입니다.

예를 들어 당신이 이미 멋지게 사업을 하고 있다는 것을 사실로 받아들여보세요. 그러면 상상 속에서 당신의 주의가 그 전제와 관련된 여러 사건들을 어떤 방식으로 초점을 맞추는지 보게 될 것입니다. 친구들이 당신을 축하해주며 당신이 얼마나 운이 좋은지를 말해줍니다.

또 어떤 이들은 당신을 부러워하기도 하고 비난하기도 합니다. 더 나아가 당신은 더 큰 사무실, 더 큰 은행 잔고, 그리고 이와 유사한 다른 사건들로 주의를 옮겨갑니다. 이러한 전제를 지속시킨다면 당신이 전제한 것을 실제로 현실에서 경험하게 됩니다.

- 네빌 고다드, 《전제의 법칙》 중에서 -

세상에는 스펙이 좋고 두뇌가 명석한 사람들이 많다. 이들은 보통 사람들에 비해 아는 것이 많다. 그야말로 박학다식하다. 그런데 아이러니한 것은 이들 가운데 대부분은 '평범'하다는 것이다. 물질적으로도, 위치적으로도 평범하다. 그동안 나를 찾아와서 상담을 받거나 글쓰기, 책 쓰기 퍼스널 브랜딩 교육을 받을 사람들은 오히려 경제적으로 곤경에 처해 있는 사람들이 많았다.

이론상으로는 그들이 갖고 있는 화려한 스펙에 맞게 부와 풍요가 넘치는 인생을 살아야 한다. 하지만 현실은 정반대다. 가장 큰 원인은 그들은 눈앞만 보는 현실주의자라는 것이다.

CHAPTER 19. 꿈을 실현하는 자는 부자가 아닌 상상하는 자다

눈에 보여야 믿고 확실한 결과를 예상할 수 있을 때 행동한다. 사실 인생이라는 것이 계획대로 흘러가는 것이 별로 없다. 그런데 그들은 자신의 판단으로 확실한 것만 추구하니 수많은 기회를 놓쳤던 것이다.

과거의 나는 기초생활수급자 가정에서 자랐고, IQ 89, 언어장애, 전문대 출신, 신용불량자 신세였다. 하지만 나는 꿈 하나만 좇았다. 내가 바라는 모습을 생생하게 상상하면서 고군분투했다. 자주 내가 바라는 소망이 이루어진 모습을 떠올렸다. 느낌과 감정이 담긴 시각화는 반드시 이루어진다.

지금의 나는 부동산 40개를 소유한 200억 자수성가 부자가 되었다. 내가 쓴 글이 16권의 초·중·고등학교 교과서에 수록되었고, 우리나라 최초 책 쓰기 코치로서 1,200명의 작가를 양성했다. 나는 평생을 해온 글쓰기, 책 쓰기 노하우를 바탕으로 글쓰기와 책 출판 가이드 시스템을 각각 특허를 출원하기도 했다. 지금껏 이룬 것들은 전제를 지속시켰기 때문에 내가 현실에서 경험하게 된 것이다.

나는 세상에 당당하게 말한다.

"꿈을 실현하는 자는 부자가 아닌 상상하는 자다!"

CHAPTER 19. 꿈을 실현하는 자는 부자가 아닌 상상하는 자다

CHAPTER 20
가난한 잠재의식을
부자의 잠재의식으로 바꿔라

당신은 자신에 대해 어떤 관념을 받아들일지를 자유롭게 선택할 수 있습니다. 따라서 당신은 개입의 힘, 즉 당신의 미래 과정을 바꿀 수 있는 힘을 가지고 있는 것입니다. 현재의 자아관념에서 더 높은 자아관념으로 상승시키는 것이 진정한 발전을 성취하는 길입니다. 더 높은 자아관념은 당신이 그것을 경험의 세상으로 구현시켜주기를 기다리고 있습니다.

- 네빌 고다드, 《전제의 법칙》 중에서 -

내가 하는 일은 평범한 사람들이 좀 더 나은 삶을 살 수 있도록 상담하고, 교육하는 일이다. 하루에도 여러 명의 사람을 만나 상담하는데, 이젠 두 부류의 선이 확실히 보인다. 부자와 가난한 사람에게는 백과 흑 같은 기운, 느낌이 있다. 경제적으로 어느 정도 안정이 된 사람들은 헤어스타일, 옷차림부터가 다르다. 자신을 가꿀 줄 안다. 자기를 아끼기 때문에 남들에게 예쁘게, 멋지게 보이고 싶은 것이다.

반면에 가난한 사람들은 하고 있는 모습만 봐도 초라하다 못해 남루하다. 한눈에 그 사람이 왜 가난한지에 대해 알 수 있다. 어떻게 알 수 있느냐고? 전체적 분위기, 느낌, 에너지로 안다. 그런데 무서운 것은 그들은 자신의 모습에 대해 모른다는 것! 알고 싶어 하지도 않는다.

지금 힘든 삶을 살고 있다면 자신부터 아끼고, 존중하고, 사랑할 수 있어야 한다. 삶의 변화는 외부가 아닌 나의 내면에서부터 시작된다. 네빌 고다드는 현재의 자아관념에서 더 높은 자아 관념으로 상승시켜야 한다고 말한다. 자아관념이 현실을 바꾸는 열쇠이기 때문이다.

CHAPTER 20. 가난한 잠재의식을 부자의 잠재의식으로 바꿔라

CHAPTER 21
끌어당김은 깨달음의 법칙이다

당신이 요구하거나 생각하는 것 이상으로 '능히 하실 그분'은 바로 당신의 상상력입니다. 그리고 우리 안에서 일을 하고 있는 그 힘은 당신의 주의력입니다. 당신이 요구하는 모든 것을 능히 이뤄줄 그분이 상상력이며 당신의 세상을 창조하는 그 힘이 주의력이라는 것을 이해한다면 당신은 이상적인 세상을 지금 만들 수 있습니다.

당신이 꿈꾸고 소망하는 이상과 하나가 된다고 상상하고, 그 상태에 주의를 유지하세요. 당신이 이러한 이상적 존재가 되었다고 완벽하게 느끼는 순간, 그것은 당신의 세상에서 현실로 구현될 것입니다.

- 네빌 고다드, 《전제의 법칙》 중에서 -

"아무리 바라는 것에 대해 생각해도 이루어지지 않아요."

"원하는 것에 대해 자주 상상하는데도 아무 일도 일어나지 않습니다."

"가난에 벗어나게 해달라고 기도도 하고, 부자가 된 모습을 상상했는데 여전히 그대로예요."

나에게 이렇게 말하는 사람들이 많다. 이렇게 말하는 이유는 나름대로 열심히 끌어당김의 법칙을 실천했는데 현실이 달라지지 않았기 때문이다. 단언컨대 깨달음의 법칙은 여러분이 알고 있는 그것이 아니다. 원리를 제대로, 정확하게 알아야지 바라는 것을 얻을 수 있다.

2024년 1월 24일 밤, 앞서 소개했듯이 아버지 창조주께서는 내게 끌어당김의 원리에 대해 이렇게 말씀하셨다.

"끌어당김을 아느냐? 끌어당김은 단순히 끌어당김이 아니다. 끌어당김은 반응이다. 너희가 생각하든 생각하지 않든 시간과 공간과 모든 물질과 비물질을 망라하여 만들어놓은 어떤 반

CHAPTER 21. 끌어당김은 깨달음의 법칙이다

응이다. 이것의 원리를 이해하면 너희의 삶과 사명이 정확해지고 분명해지고 깊어지며 감사함으로 연결될 것이다."

대부분의 사람은 끌어당김에 대해 잘못 이해하고 있다. 그래서 소망이 실현되지 않거나 천천히 이루어지는 것이다. 아버지 창조주께서 알려주신 끌어당김의 원리는 이것이다. 사람, 동물, 식물, 시간과 공간, 생각과 마음, 물질과 비물질 모든 것들은 고유의 진동수를 갖고 있다. 우리가 어떤 것에 대해 반응하게 되면 그 반응할 때 나타나는 주파수에 맞는 것이 끌려온다. 현실에 나타나는 것이다. 끌어당김은 단순히 끌어당기는 것이 아니라 그게 대한 나의 반응에 의해 내게 끌려오기 때문이다.

매사 우주 만물 모든 것에 감사한 마음을 가질 때 끌어당김의 힘은 더욱 강해지게 된다. 그래서 예수께서는 범사에 감사하라고 말씀하신 것이다. 감사와 믿음은 함께 한다는 것을 기억해야 한다.

CHAPTER 22
상상을 현실로 이루기 위해 반드시 알아야 하는 것

　상상력은 주의력의 강도에 비례하여 당신이 요구하는 모든 것을 이룰 수 있습니다. 당신이 주의력을 얼마나 잘 통제하고 집중하는지에 따라 모든 발전과 모든 욕망의 성취 여부가 달려 있습니다. 주의력을 외부로 빼앗기든지 내부에서 통제하든지 둘 중 하나입니다. 현재 외부 인상(印象)들에 당신의 정신이 팔려 있다면 당신은 주의를 외부에 빼앗겨버린 것입니다. 지금 읽고 있는 이 페이지의 글들이 당신의 주의를 외부로 향하게 하고 있습니다.

- 네빌 고다드, 《전제의 법칙》 중에서 -

상상을 현실로 바꾸기 위해 우리가 반드시 알아야 할 것이 있다. 소망하는 것을 상상할 때 그것이 이미 실현되었을 때 느끼게 될 감정을 그대로 느끼는 것이다. 얼마나 생생하게 상상하고 느끼느냐에 따라 소망의 실현 여부가 달려 있다. 이것을 모르면 아무리 상상해도 절대 이루어지지 않는다.

끌어당김의 법칙을 실천하는데 소망이 이루어지지 않는다고 말하는 사람들이 있다. 사실 대부분이다. 그들은 자신의 소망이 실현될 거라는 완전한 믿음이 없다. 믿음이 결여되어 있는 한 상상은 아무리 해도 안 된다. 끌어당김을 제대로 이해하고 있는 사람은 바라는 것을 단기간에 창조한다. 이미 이룬 느낌으로 생생하게 상상하는 법을 알기 때문이다.

인생의 기적을 일으키는 비밀은 상상할 때 가지게 되는 느낌에 있다. 지금부터 네빌 고다드가 말하는 방법으로 상상해보라. 마지막으로 끌어당김의 법칙은 깨달음의 법칙이라는 것을 기억해야 한다. 이것만 알아도 내 인생의 창조자로 살아갈 수 있다.

CHAPTER 23
'이것'을 모르면 이루어지지 않는다

당신이 내부 세계에서 당신의 주의의 움직임을 통제할 수 있다면 원하는 대로 당신의 삶을 수정하거나 바꿀 수 있습니다. 그러나 당신의 관심이 끊임없이 외부에 끌린다면, 이런 통제는 불가능합니다.

- 네빌 고다드, 《전제의 법칙》 중에서 -

우리에게는 두 가지 세계가 있다. 눈에 보이는 현실세계와 내면세계다. 현실세계는 각자의 내면세계가 그대로 투영되어 창조된 것이다. 내면세계를 통제하지 못하는 사람은 현실세계

역시 통제할 수 없다. 우리 모두 각자 자신에 대한 관념에 맞추어 세상을 창조하는 영적인 존재다.

내가 제자들에게 자주 하는 말이다.
"여러분의 경이로운 상상력을 믿고 여러분이 원하는 삶을 살고 있는 것을 믿으세요! 지금부터 여러분 자신에 대한 관념을 위대함으로 바꾸세요! 부와 풍요는 내면세계에서 외부세계로 나오기 때문입니다."

사람들은 더 나은 삶을 살기 위해 돈과 시간, 에너지를 들여 스펙을 쌓거나 환경을 바꾸기 위해 노력한다. 절대 그렇게 해선 삶이 달라지지 않는다. 바뀌어야 할 것은 오로지 나 자신뿐이기 때문이다. 네빌 고다드는 우리에게 나의 관념을 위대함으로 채워야 한다고 말한다. 나의 관념을 위대함으로 채운다면 삶은 저절로 눈부시게 변하기 때문이다.

CHAPTER 24

뇌를 속이고 상상을 현실로 만드는 법

 당신은 물질 세상 속에 사는 것처럼 보이지만, 실제로는 상상의 세계 속에 살고 있습니다. 삶에서 벌어지는 외부의 물리적 사건들은, 꽃피운 시절을 기억하지 못하는 열매와 같습니다. 다시 말해 지금 당신의 세상에 모습을 나타낸 것들은 과거에 의식 속에 심어 놨던 때를 잊고 있는 의식 상태의 결과물입니다. 그것들은 상상에 기원을 둔 결과물로, 우리 인간들은 그 기원을 종종 잊곤 합니다.

 어떤 감정적 상태에 완전히 빠져들면, 그 순간에 당신은 그 상태를 충족시키는 느낌을 갖게 됩니다. 그 느낌 안에 끝까지 머무르면 강렬하게 느꼈던 것이 무엇이든 간에, 당신의 세상에서도 그것을 경험하게 됩니다.

이러한 몰입과 집중의 시간들이 후일 당신이 수확하는 것들의 씨앗이 됩니다. 바로 이런 순간들 속에서 당신은 창조적인 힘, 유일한 창조적인 힘을 행사하고 있는 것입니다.

- 네빌 고다드, 《전제의 법칙》 중에서 -

마음이 물질이고, 물질이 마음이다. 마음과 물질이 하나라는 뜻이다. 우리가 사는 이 세상은 각자의 마음이 만들어낸 상상의 세계다. 영혼들이 사후세계에서 계획한 삶을 살 수 있도록 창조된 상상의 세계이지만 실체다. 지금 이 순간 어떤 마음을 가지느냐에 따라 미래가 달라진다. 지금 가지는 마음의 이미지대로 현실이 펼쳐지기 때문이다.

가난한 사람이 빠르게 경제적 자유인이 되는 방법이 있다. 어렵거나 복잡하지 않다. 쉽고 간단하다. 오감이 주는 감각들을 뒤로하고 상상이라는 육감을 활용하는 것이다. 상상을 실제라고 믿고 단단한 느낌을 유지한다면 삶을 바뀌게 된다. 이것이 네빌 고다드가 말하는 '네빌링(Nevilling)'이다. 나 역시 이런 방법으로 지독한 가난에서 벗어나 성경에서 언급하는 젖과 꿀이 넘치는 부자의 삶을 살게 되었다.

나는 사람들에게 이렇게 말해주고 싶다.

"생각이 물질이다. 물질은 무형 물질에 생각이 깃들여져 형상으로 나타나는 것이다. 예수와 같은 초의식을 가진 사람은 공기 중에 가득한 원소를 이용해 지금 당장 황금덩이를 만들어 낼 수도 있다. 마음이 곧 물질임을 아는 사람이 깨달은 사람이다. 깨달은 사람은 뇌를 속이고 상상을 현실로 만든다. 바라는 것이 있으면 큰 노력 없이 쉽게 얻게 되는 것이다."

마지막으로 이 말을 들려주고 싶다.

"마음이 물질 위에 있는 것이 아니라 마음이 곧 물질이다. 마음이 현실을 창조하는 것이 아니라 마음이 현실인 것이다."

CHAPTER 24. 뇌를 속이고 상상을 현실로 만드는 법

CHAPTER 25
극소수의 부자들만 알고 있는 우주의 기묘한 작동 원리

본인이 원하는 의식 상태를 마음대로 가질 수 있는 사람은 천국의 열쇠를 찾은 것과 같습니다. 욕망하는 것을 상상하고 그렇게 소망이 성취된 느낌에 꾸준히 집중하는 주의력이 바로 그 열쇠입니다. 그런 사람들은 바람직하지 않은 어떤 객관적 사실을 더 이상 현실로 받아들이지 않으며, 자신이 원하는 열렬한 소망을 더 이상 꿈으로 바라보지 않습니다.

- 네빌 고다드,《전제의 법칙》중에서 -

부자와 가난한 사람의 차이점 가운데 하나를 꼽자면 상상력의 차이다. 부자는 자신이 바라는 것이 무엇인지 명확하게 알고 있다. 우리는 자신이 제대로 알고 있는 것에 대해 상상하는 것은 어렵지 않다. 하지만 명확하게 아는 것에 대해 생생하게 상상하는 것은 어렵다. 아니, 어렵다고 말하는 것이 정확한 표현일 것이다. 부자들은 자신의 소망이 성취된 모습을 생생하게 상상한다. 그리고 소망이 성취되었을 때 느끼게 되는 감정을 느낀다.

반면에 가난한 사람들 가운데 대부분 자신이 바라는 것에 대해 명확하게 알지 못한다. 희망 사항 정도에 불과하다. 사실 그들이 바라는 것들은 간절한 것들이 아니다. 간절히 바라는 소망이 아니기 때문에 그것에 대해 정확하게 알려고 하지 않는다. 제대로 알지 못하는 소망을 성취하는 모습을 상상하기가 힘들다. 소망이 실현된 모습을 떠올리는 것 자체가 부담스럽고 불편하기만 하다. 소망이 이루어지지 않는다는 전제가 밑바탕에 깔려 있기 때문이다. 소망이 이루어질 것이란 믿음을 가지지 않는다. 이런 상태에서 자신의 소망이 성취된 느낌을 가질 수는 없다.

CHAPTER 25. 극소수의 부자들만 알고 있는 우주의 기묘한 작동 원리

우주는 우리의 느낌과 감정에 반응에 반응한다. 자신의 소망에 대한 느낌이 결여되어 있으면 우주는 응답하지 않는다. 부자에 비해 가난한 사람의 소망이 더디 이루어지거나 실현되지 않는 가장 큰 이유다.

CHAPTER 26

'이것'을 알면 다 가졌다는 느낌을 유발할 수 있다

영(Sprit. 정신), 즉 소원이 성취된 느낌을 사실처럼 가져보세요. 그러면 당신은 축복을 받아들이는 그 창문을 열게 될 것입니다. 하나의 상태를 사실처럼 받아들이는 것은, 그 영(정신) 속으로 들어가는 것입니다. 갈망의 상태로부터 소원이 성취된 느낌을 갖기까지의 숨은 과정을 알지 못하는 사람들에게는 당신이 이룬 엄청난 성공들이 놀랍게만 보일 것입니다.

만군의 주는 원하는 존재가 이미 되었다는 느낌을 가질 때까지는 반응을 보이지 않습니다. 왜냐하면 수용은 주(主)가 행동하는 통로이기 때문입니다. 수용은 만군의 주가 행동하는 것입니다.

- 네빌 고다드, 《전제의 법칙》 중에서 -

내 나이 스물여덟 살 때 아버지께서 가난을 이기지 못하시고 음독으로 세상을 떠나셨다. 그 당시 아버지의 연세는 예순일곱이셨다. 건강한 몸이셨지만 가난에서 오는 고통은 이겨내지 못하신 것이다. 그 후 과거의 나는 지독한 가난에서 벗어나기 위해 치열하게 살았다. 하루에 4~5시간 정도만 자고 자기계발 도서들을 읽고, 한 달에 5권 정도의 책을 썼고, 소비도 최소한만 했다. 하지만 아무리 애를 쓰고, 죽으라고 노력해도 가난에서 벗어날 수 없었다. 심신만 지치고 삶은 더 피폐해졌다.

너무나 힘든 나머지 하루는 술을 엄청나게 마시고 자살을 하기로 마음먹었다. 비가 억수 같이 내리는 날 차를 몰고 무작정 부산으로 향했다. 바닷가 근처 여인숙에서 방을 잡고 소주를 마시고 번개탄을 피우고 죽어버릴 생각이었다. 하지만 죽는 것도 생각처럼 잘되지 않았다. 부산 톨게이트에서 통행료를 계산하기 위해 지갑을 찾는데 지갑이 보이지 않았다. 허둥대고 있는 찰나 여자 안내원이 오른쪽에 있는 사무실에 가서 차량 번호와 인적 사항을 적으면 된다고 했다. 나는 근처 차를 주차하고 비를 맞으며 사무실에 가서 직원이 안내하는 대로 적고 나왔다. 정말 이상했다. 분명히 지갑을 챙겨서 나왔는데 지갑이 보이지 않으니 말이다. 자살하려면 여인숙 방값도 지불해야 하고 소주 몇 병과 번개탄도 사야 하는데 돈이 없으니 너무 답답했다.

어쩔 수 없이 차를 다시 유턴해서 대구로 향했다. 대구로 향하는 중에 기분이 전환되면서 죽지 말고 살아야겠다는 생각이 들었다. 다시 한번 더 치열하게 살아보자는 생각을 하는데 나도 모르게 마음이 가벼워졌다. 마침 내리던 비도 그쳤다. 그리고 나는 그동안 살았던 방식으로 미련하게 살지 말고 내가 알고 있는 지식과 경험, 깨달음을 사람들에게 전해주고 대가를 받는 삶을 살기로 마음먹었다. 그렇게 해서 탄생한 것이 '한책협'이다. 15년 동안 목숨 걸고 사람들을 가르친 결과 1,200명의 사람이 단 몇 개월 만에 책을 펴내고 독자에서 저자가 되었다. 단희쌤, 안대장, 김새해, 권민창, 유세미, 이나금 작가 등 많은 사람이 유명해졌다. 그들은 상담을 하고, 강연을 하고, 교육을 하고, 유튜버로서 활동하면서 나를 알기 전에는 알지 못했던 성취감과 행복을 느끼며 살고 있다.

CHAPTER 26. '이것'을 알면 다 가졌다는 느낌을 유발할 수 있다

내가 과거 힘들었던 내 이야기를 길게 한 이유는 내가 가난 속에서 고통받으며 살았던 이유는 무지해서, 멍청해서라는 말을 하기 위해서다. 네빌 고다드가 말하는 방식으로 상상하고, 말하고, 행동하자 삶이 단기간에 달라졌다. 지금의 나는 돈에 구애받지 않는 경제적 자유인의 삶을 살고 있다. 지금 내가 소유하고 있는 모든 것들은 예전에 내가 소망이 성취된 느낌을 사실처럼 가졌던 것들이다. 그 이상도 그 이하도 아니다. 딱 그만큼 이루어진 것이다.

여러분도 과거의 나처럼 미련하게, 멍청한 방식으로 노력하지 말고 지혜롭게 행하기를 바란다. 여러분은 모든 것을 가질 수 있다. 자신의 소망이 성취된 느낌을 갖고 그것이 이미 이루어졌음을 믿고 기다리면 된다.

CHAPTER 27
우주는 당신의 명령을 기다리고 있다

　당신의 소망을 단지 희망 사항 정도로 여기면서 성취되기만을 바란다면 그것은 '단순히 듣기'만 하는 것으로서 자신을 속이는 행위입니다. 당신의 소망은 당신이 되고 싶은 것이며, '거울 속에 있는 자신을 보는 것'은 상상 속에서 자신을 그런 사람으로 보는 것입니다.

　'그 모습이 어떠했는지를 곧 잊어버린다'는 것은 당신이 전제한 것을 끝까지 고집하는 것에 실패하는 것을 말합니다. '자유롭게 하는 온전한 법'은 한계의 구속으로부터 자유로워지는 전제의 법칙을 말합니다. '온전한 법을 들여다보고 그 안에 계속 머무른다는 것'은 당신의 소망이 이미 이루어졌다는 전제 속에 지속적으로 머무르는 것입니다.

 당신의 의식 안에 소원이 성취된 느낌을 갖는 것을 지속한다면, 당신은 '듣고 잊어버리는 자'가 아닙니다. 이렇게 하면 당신은 '행하는 자'가 되며, 당신의 욕망은 필연적으로 실현되어서 당신이 행하는 일에 복을 받게 됩니다.

- 네빌 고다드, 《전제의 법칙》 중에서 -

 나는 수많은 사람들에게 상담해주고 교육을 해왔다. 나를 찾아온 사람들은 하나같이 심리적, 경제적, 환경적으로 고통스러운 데 있는 사람들이었다. 어떤 사람은 내 책을 읽고 찾아왔고, 또 어떤 사람은 나의 유튜브 영상을 보고 찾아왔다.

 하나같이 하는 말이 "저도 슈카이브님처럼 성공하고 싶다"라는 것이다. 안타까운 것은 많은 사람이 나를 찾아오기 전 이런저런 가짜 코치들에게, 심지어 목사와 스님에게 적게는 수백만 원에서, 많게는 수억 원의 돈을 갈취당했다는 것이다. 가진 돈을 다 잃고 나서 삶의 끄트머리에 나를 알게 된 것이다.

 삶을 바꾸는 것은 쉽고 간단하다. 그런데 거의 대부분의 사람은 삶을 바꾸기 위해 노력하지만 제자리다. 아니 삶을 바꾸기 위한 과정에서 돈과 시간, 에너지를 낭비한 탓에 더 힘들어졌다.
 나는 나를 찾아온 사람들과 단 몇 분만 이야기를 나눠보면 직감적으로 왜 인생이 안 풀리는지 알 수 있다. 그들의 가족과 직장 동료, 친구들도 모르는 마음의 병도 맞힌다. 나는 내담자의 눈치를 보지 않고 직설적으로 말한다.

 "제가 보기에 우울증이 있어요. 그거 온 지 좀 된 것 같은데 알고 있죠?"
 "이야기를 들어보니 대부분 우울한 이야기네요. 혼자 있을 때 억울하다는 생각, 외롭다는 생각이 자주 들 겁니다. 그건 우울증 초기여서 그래요. 그동안 많이 힘드셨죠?"

 내가 이렇게 말하면 많은 사람들이 그동안 억누르고 살았던 감정이 복받쳐 울기도 한다. 그러면서 본인은 그 어떤 말도 하지 않았는데 어떻게 알았느냐고 묻는다. 나는 그냥 느낌으로 안다고 말한다.

나는 나를 찾아온 사람들이 좀 더 나은 삶을 살 수 있도록 돕고 있다. 그들에게 가장 많이 하는 말이 의식을 통째로 바꿔야 한다는 것이다. 사람들은 책을 읽으면서 의식을 바꾸기 위해 노력하고 있다고 말한다. 단언컨대 서서히 의식을 바꾸려는 노력은 할 필요가 없다. 이는 물통을 가득 차 있는 차가운 물에 뜨거운 물을 한 방울씩 떨어뜨리는 것과 같다. 어리석은 행동이다. 의식은 한 순간에 통째로 바꾸는 것이다.

의식이 바뀌게 되면 어제와 나, 아니 1초 전의 나와 현재의 나는 다른 사람이다. 의식이 달라졌기 때문이다. 새로운 삶을 삶이 펼쳐지고 있다고 생각하면 된다. 이런 의식 상태에 바라는 것을 상상하면서 느낌을 더하고 믿음을 유지한다면 삶은 무조건 달라진다. 어떤 과정을 통해 달라지는지에 대해 궁금해하지 말라. 그것은 우주가 알아서 할 일이다. 그저 믿음으로 걸어가면 되는 것이다.

CHAPTER 28
잠재의식의 힘으로 인생의 기적을 창조하는 법

전제의 법칙을 성공적으로 사용하기 위한 다음의 중요사항들이 있습니다.

첫째로 그리고 제일 중요한 것이 갈망, 열망, 강렬하게 불타는 욕망입니다.

당신은 온 마음을 다해서 현재의 자신과 달라지기를 원해야만 합니다. 강렬하고 불타는 욕망이 성공하고자 하는 의도와 결합하면 행동을 유발하는 주요 원천이 되며 모든 성공적인 여정들의 출발점이 됩니다. 목적을 달성한 위대한 열정들 안에는 강렬하게 집중된 욕망이 존재합니다. 먼저 욕망을 가지세요. 그리고 성취하고자 하는 의도를 가지세요.

시냇물을 찾아 헐떡이는 수사슴처럼 나의 영혼은 그대, 오! 하느님을 찾아 헐떡이는구나. [시편 42편 1절]

외로움에 굶주리고 목마른 자는 복이 있나니 그들이 배부를 것이기 때문이라 [마태복음 5장 6절]

여기서 '영혼'은 당신이 사실이라고 믿고 생각하고 느끼고 받아들이는 모든 것의 총합으로 해석됩니다. 즉, 당신 의식의 현 수준을 말합니다. '나(I AM)'는 의식의 힘이며 모든 욕망의 근원이자 그것들이 실현된 것이기도 합니다. 나는 무한히 연속된 다양한 수준의 의식이며 그 연속된 여러 의식 가운데 내가 위치한 곳에 따라 지금의 내가 존재합니다.

위의 인용문은 현재의 당신 의식이 얼마나 현재의 나를 초월하고 싶은지를 묘사합니다. '외로움(Righteousness)'이란 원하는 존재가 이미 되었다는 것을 인식하는 것입니다.

두 번째, 육체적 부동(不動, Physical Immobility) 상태를 키우세요.

'졸린 듯한 마비 상태가 감각들을 잠재우는구나. 마치 내가 독미나리에 취해버린 듯하다.'

그것은 잠자는 것과 비슷한 상태지만, 여전히 의식을 지니고 주의를 통제할 수 있는 상태입니다. 이러한 상태를 마음대로 유도하는 법을 배워야 합니다. 당신은 상당히 많은 음식을 먹은 뒤에 혹은 아침에 일어나 기운 없이 누워 있을 때 이런 상태가 쉽게 유도되는 것을 경험해봤을 것입니다. 이런 상태에서는 자연스럽게 잠과 비슷한 상태에 들어가게 됩니다. 육체적 부동 상태에서는 정신력이 증가함과 더불어 절대적 고요상태에 들어가게 됩니다. 그것은 당신의 집중력을 더 증가시킵니다.

세 번째 마지막으로 할 일은, 만일 당신이 목표를 달성했다면 실제로 경험할 일을 상상 속에서 경험하는 것입니다.

상상은 당신이 추구하는 것을 현실로 안내하는 문이기 때문에 당신은 먼저 상상 속에서 그것을 얻어야 합니다. 그러나 결과를 생각하는(Think of) 방관자가 아니라 결과로부터 생각하는(Think from) 참여자가 되어야 합니다.

소망하지만 지금껏 당신 것이 되지 못한 자질 같은 것이나, 아니면 다른 원하는 것이라도 이미 갖고 있다고 상상하세요. 당신이 온전한 이러한 느낌에 사로잡힐 때까지 당신 자신을 이 느낌에 완전히 내어줘야 합니다.

- 네빌 고다드, 《전제의 법칙》 중에서 -

CHAPTER 28. 잠재의식의 힘으로 인생의 기적을 창조하는 법

가난한 사람들은 불타는 욕망이 없다. 욕망은 우리의 정신이라는 기계를 돌리는 동력이다. 욕망하지 않기 때문에 정신은 멈춰져 있다. 가난한 사람들이 자신의 꿈을 찾아 도전하지 않는다. 한 달 벌어 한 달 사는 직장인 생활을 가장 큰 이유가 여기에 있다. 네빌 고다드는 가장 중요한 것이 갈망, 열망, 강렬하게 불타는 욕망이라고 말한다. 내면에 잠재되어 있는 것들을 현실 세계로 불어내기 위해선 열정이 필요하다. 열정은 욕망에 의해서 가능하기 때문이다.

잠재의식에 각인되어 있는 것은 반드시 실현된다. 그 누구도 그 일을 막을 수 없다. 잠재의식을 내 편으로 만드는 쉬운 방법이 있다. 평소에 자주, 지나칠 정도로 소망하는 것에 대해 느낌을 담아 상상하는 것이다. 그리고 잠들기 전과 잠에서 깨어난 후 소망이 이루어진 상태를 떠올리는 것이다. 이런 노력은 바라는 것을 더 빨리 성취하게 해준다.

나는 내가 바라는 것이 이루어진 상태를 자주 상상한다. 성취되었을 때 어떤 느낌이 들지 생각해본다. 나의 기분과 마음 상태는 어떨지를 떠올려본다. 비록 아직 현실에선 성취되지 않았지만, 상상 속에서 이미 완결되었다고 생각한다. 이것이 네빌 고다드가 말하는 결과에서 생각하는 것이다. 대부분의 사람은 결과를 생각하기 때문에 평생을 시작만 하다가 제대로 된 끝을 맺지 못한 채 생을 마감하는 것이다.

삶을 바꾸고자 한다면 쓸데없는 자기계발을 하면서 시간과 돈, 에너지 낭비하지 말라! 모두 쓸데없는 짓이다. 무익하다. 오히려 그런 일들이 인생을 더 망가뜨릴 것이다. 내가 이 책에서 말하는 방법을 실천해보길 바란다.

마지막으로 이 말을 해주고 싶다.

"걱정은 그 일이 일어나길 비는 기도이다. 바라는 것을 생생하게 상상하라! 상상은 현실이 된다."

이 책 읽는 모든 이들에게 아버지 창조주의 축복이 가득하기를….

CHAPTER 28. 잠재의식의 힘으로 인생의 기적을 창조하는 법